Kanalinseln

Jersey·Guernsey·Alderney·Sark

Petra Juling · Ulrich Berger

▶ Dieses Symbol im Buch verweist auf den großen Faltplan!

DUMONT
direkt

Bienv'nus! – Welcome

Unterwegs auf den Kanalinseln

Die Kanalinseln 15 x direkt erleben

Bienv'nus – Welcome
Unser heimliches Wahrzeichen

Seit 1874 warnt der Leuchtturm Corbière Lighthouse die Schifffahrt vor den Untiefen und Riffen an der Südwestspitze von Jersey. Er grüßt die Reisenden, die per Fähre von Guernsey und Sark nach Jersey kommen, während der Skipper alle Mühe hat, den gefährlichen Untiefen auszuweichen. Rundum tost und brandet die Flut. Ganz anders bei Ebbe: Dann liegt der gepflasterte Weg zum Leuchtturm frei und man gelangt trockenen Fußes hinüber.

Jersey

Reist man per Flugzeug an, bekommt man gleich eine Vorstellung von der besonderen Lage der *Iles anglo-normandes*, wie die Inseln französisch heißen. Kaum sind die Sandstrände der Normandie überflogen, ist Jersey erreicht, die südlichste und größte Insel des Archipels im Ärmelkanal, doppelt so weit von England entfernt wie von Frankreich. Vom Flughafen ganz im Westen von Jersey ist es nicht weit in die Hauptstadt **St Helier** ▶ Karte 3, P 22/23. Hier und an der Südwestküste im hübschen Hafenort **St Aubin** sowie an der **St Brelade's Bay** liegen die meisten Hotels.

Ganz im Westen, jenseits des sturmumtosten Südwestkaps **La Corbière** mit dem Leuchtturm, nimmt der meilenweite Sandstrand der **St Ouen's Bay** die gesamte Westküste von Jersey ein. Ihre Dünen rahmen im Norden die rosa Granitriffe von **L'Etacq**.

Jerseys Osten bietet einen Mix aus Natur und Kultur: Im grünen Landesinnern verstecken sich Parks und Herrensitze sowie das größte Steinzeitgrab der Inseln, **La Hougue Bie**. Höhepunkt der antifranzösischen Verteidigungsanlagen ist die mittelalterliche Burg **Mont Orgueil** in **Gorey** ▶ Karte 3, R 22. Die Martello-Türme in den Buchten von St Clement's bis St Catherine's Bay belegen die strategische Bedeutung der Inseln im britisch-französischen Dauerstreit.

Rau und wild präsentiert sich **Jerseys Nordküste,** die sich die Gemeinden St Martin und Trinity, St John und St Mary bis St Ouen ganz im Nordwesten teilen. Strände und Häfen findet man an der rauen Nordküste nur

wenige. Dafür wird man mit einer atemraubenden Szenerie und unberührter Natur entschädigt, der man zu Fuß auf dem Küstenpfad am nächsten kommt. Im Landesinnern dominiert die Landwirtschaft: Kartoffeläcker und Weiden mit sanftäugigen Jerseykühen – und dem Tierpark **Durrell Wildlife**. Ein Besuch bei Gorillas und Lemuren vermittelt Einblicke in die Arbeit für die Artenvielfalt der Erde.

Guernsey

Wer sich Guernsey per Schiff nähert, erhält schon vom Hafen von **St Peter Port** ▶ Karte 4, D 12 einen Eindruck von der Inselhauptstadt, die stufenförmig am steilen Klippenhang liegt. Ihre Lage begeisterte schon Victor Hugo, der sich im Exil hier einrichtete – sein Haus ist sehenswert. Treppauf, treppab erklimmt man steile Gassen mit malerischen Ausblicken auf Hafen, Meer und Nachbarinseln. Dazwischen wimmelt es in der geschäftigen High Street von Menschen und laden erquickende Gartenoasen zum Verweilen ein.

Reist man per Flugzeug an, schweift der Blick über die zweitgrößte der Kanalinseln von Küste zu Küste, von St Peter Port im Osten bis **Lihou** ▶ Karte 4, A 12 im äußersten Westen – Guernsey ist ein überschaubares Reiseziel. Im Süden führen Spaziergänge durch lauschige Täler zu malerischen Badebuchten wie **Moulin Huet** ▶ Karte 4, D 13 oder **Petit Bôt** ▶ Karte 4, C 13. Auf dem Küstenpfad kann man von St Peter Port etappenweise die Küste in einer knappen Woche erwandern. Stippvisiten führen zu kulturellen Sehenswürdigkeiten wie dem Herrenhaus Sausmarez Manor in **St Martin** ▶ Karte 4, D 13 oder der Pfarrkirche des Dorfs mit der uralten ›Großmutter vom Friedhof‹, einem Steinzeitmenhir. In Guernseys wind- und wellenreichem Westen und Norden trifft man auf Festungen aus napoleonischer Zeit und Bunker der deutschen Besatzer im Zweiten Weltkrieg, aber auch auf Megalithbauten.

Einen Halbtagesausflug auf den Inselzwerg **Herm** ▶ Karte 4, F/G 11/12 in Sichtweite der Hauptinsel Guernsey sollte man nicht verpassen. Auf kleinstem Raum findet man flache Sandstrände wie die blendend weiße Shell Beach, im Süden steile Felsklippen, und Vogelfelsen, wo man Papageitaucher und Basstölpel in den Sommermonaten mit dem Fernglas beobachten kann.

Sark und Alderney

Unterschiedlicher könnten die Nachbarinseln von Guernsey kaum sein, die man per Boot oder Flugzeug ansteuern kann. Das autofreie Hochplateau **Sark** ▶ Karte 4, H–K 12–14 ist voller Flair der ›guten alten Zeit‹, eine liebreizende Blumeninsel mit einem der schönsten Gärten Europas um den alten Feudalsitz **La Seigneurie.** Grüne Täler führen zu verschwiegenen Buchten, und die spektakuläre, höhlenreiche Steilküste zeigt sich beim Spaziergang über die Landenge La Coupée nach **Little Sark.**

Alderney ▶ Karte 2, liegt nur 15 km vor der Nordwestspitze der Normandie und ist am besten per Flugzeug erreichbar. Abseits der hübschen Hauptstadt **St Anne** besitzt die Insel eine spröde und raue Natur sowie schöne Buchten wie Braye Bay und Longis Bay. Die Viktorianer setzten ihrem Erzfeind Frankreich 14 Forts direkt vor die Nase; die meisten sind heute verfallen. 1940–45 machten die deutschen Besatzer die abgelegene Insel zur Festung und mit KZs zur Hölle für Zwangsarbeiter und Gefangene aus ganz Europa. Die karge Insel, über die der Wind pfeift, lockt heute vor allem Vogelfans. Kaum irgendwo bekommt man Hochseevögel so nah zu sehen wie hier.

Auch bei Flut mit Sandstrand: die Bucht Grève de Lecq im Norden von Jersey

Schlaglichter und Impressionen

Normannisches Erbe

Victor Hugo nannte die Kanalinseln »Stücke Frankreichs, die ins Meer gefallen sind und von England aufgelesen wurden ...« und hatte die historischen Wurzeln im Sinn. Die Rechtsordnung, nach der die Inseln sich bis heute selbst verwalten, stammt noch aus dem Mittelalter – der normannische Gesetzeskodex Le Grand Coutumier gilt seit Ende des 13. Jh. Zu den bis heute praktizierten Eigentümlichkeiten normannischen Rechts gehört der »Clameur de Haro«: Jeder, der sich von Behörden, Nachbarn oder anderen Zeitgenossen ungerecht behandelt fühlt, kann direkt an die höchste Gerichtsbarkeit auf den Inseln appellieren. Er benötigt nur zwei Zeugen, in deren Gegenwart er auf die Knie fällt und »Haro, haro, haro...« ausruft; dieser Spruch soll sich von »Ha, Rollo« ableiten, dem Namen des ersten normannischen Herzogs.

Inselpolitik

Was das britische Parlament in Westminster beschließt, ist für die States of Jersey and Guernsey auch heute nicht bindend – sie folgen den Weisungen der Queen. Die englische Königin ist als Duke of Normandy Staatsoberhaupt. Regierungschef im Bailiwick of Jersey und Bailiwick of Guernsey (mit Alderney, Sark und Herm) ist jeweils der Bailiff (Vogt). Die vier größten Inseln besitzen je ein eigenes Parlament: Die States of Jersey treten im Royal Court in St Helier zusammen, die States of Guernsey in St Peter Port. Alderney wird von einem Präsidenten regiert, den die States of Alderney wählen, und das bis ins 21. Jh. feudal regierte Sark ist nach Reformen inzwischen eine der jüngsten Demokratien in Europa. Auch wenn die Kanalinseln nicht Vollmitglied der Europäischen Union sind, bemüht man sich, die europäischen Regeln in Sachen Menschenrechte und Demokratie zu beachten.

Traditionsverhaftet und stolz auf ihre Eigenständigkeit sind die Insulaner bis heute – überall sieht man das Wappen der drei goldenen Leoparden, das Emblem der Normandie, in der Flagge Jerseys kombiniert mit dem roten Andreaskreuz. Doch hat Englisch die normannischen Dialekte (Patois) *Jèrriais* und *Gernesiais* abgelöst.

Im Wechsel der Gezeiten

Auf den Kanalinseln herrscht mit 12 m, bei Springfluten bis zu 15 m Tidenhub einer der höchsten Gezeitenunterschiede der Welt. Bei Flut schrumpft so mancher goldene Sandstrand zu einem schmalen Streifen zusammen oder verschwindet sogar komplett. Rasante und äußerst gefährliche Meeresströmungen wie The Race (Raz) zwischen Alderney und Cherbourg sowie bei Flut unter der

Die heutigen Grenzen der Gemeinden oder Kirchspiele *(parishes)* auf Jersey, Guernsey und Sark spiegeln die mittelalterliche Feudalstruktur. Zu jedem Kirchspiel gehörte der Herrensitz, Manoir, des Seigneur. Jedes der zwölf *parishes* von Jersey hat Zugang zum Meer, mit einem Stichweg ans Wasser, **Perquage,** der einzige sichere Weg für Verurteilte, die die Verbannung der Vollstreckung eines Urteils vorzogen.

Das milde Klima am Ärmelkanal sorgt für üppige Blumenpracht in den Gärten

Wasseroberfläche verborgene Riffe und Untiefen machen die Gewässer schwer navigierbar, und haben schon viele Schiffe in Wracks verwandelt. Die unzähligen unbewohnten Felsen wie die Douvres, Casquets, Écréhous, Minquiers und Paternoster Rocks gehören den Vögeln. Selten findet man eine Kolonie Basstölpel *(gannets)* so nah vor der Küste wie auf Les Etacs nahe Alderney. Papageitaucher *(puffins)* brüten im Sommer auf flachen Sandinseln wie Burhou, an den Steilküsten sind u. a. Seeschwalben, Kormorane und Austernfischer zu sehen.

Mildes Klima am Golfstrom

Auf den Kanalinseln findet man viele eigentlich in Südeuropa beheimatete Pflanzen wie Hasenschwanzgras, Großes Zittergras, Meerfenchel, Herbst-Blaustern und die meterhohe Strauchpappel, eine Malvenart. Dazu kommen verwilderte ›Ausbrecher‹ aus Gärten, die unwegsame Klippen besiedeln, wie die knallrosa blühende Mittagsblume aus Südafrika, oder dekorativ in Mauerritzen sitzen, wie der Venusnabel und das weiß-rosa ›Gänseblümchen‹ *Erigeron karvinskianus* aus Mexiko. In Vorgärten prunken im Herbst die Guernsey Lily *(Nerine sarniensis)*, ein im 17. Jh. mit einem Schiff auf Guernsey ›gestrandetes‹ Zwiebelgewächs aus Südafrika, und die Jersey Lily, eine Amaryllis-Art. Ansonsten dominieren Kamelien, Rhododendren und Azaleen, Hortensien, Fuchsien, Lorbeer, Palmen und Baumfarne die Gärten und Parks. Ein Blickfang ist der auf den Kanarischen Inseln und Madeira heimische Riesen-Natternkopf mit winzigen Rachenblüten. Immergrüne Steineichen, Meerkiefern und Tamarisken gehören zu den mediterranen Bäumen und Sträuchern, die sich auf den Kanalinseln wohlfühlen.

Schlaglichter und Impressionen

Unterschiedliche Inselreliefs

Verantwortlich für das spezifische milde Klima von Jersey ist das Relief: ein flaches, nach Süden geneigtes Plateau mit hohen, rund 100 m aus dem Meer aufsteigenden steilen Klippen im Norden und relativ flachen Küsten im Süden. In dieses Plateau hat das abfließende Wasser tiefe Täler in Nordsüdrichtung eingeschnitten. Im Unterschied zu Jersey fällt auf Guernsey die Oberfläche von Süd nach Nord gemächlich ab, mit Steilküsten im Süden und ausgedehnten Sandbuchten zwischen niedrigen Granitzungen im Norden. Auf Jersey konzentriert sich die Bevölkerung im Südosten, je weiter man sich von dort entfernt, desto ländlich-beschaulicher und ruhiger wird es. Guernsey (über 800 Ew./km^2) wirkt dagegen zersiedelt, einsamer ist es auf dem Küstenpfad.

Künstler und Millionäre

Kein Wunder, dass eine solche Landschaft Künstler anzieht. Der französische Impressionist Auguste Renoir (1841–1919) kam 1883 als Feriengast und war so entzückt – u.a. von der Moulin Huet Bay auf Guernsey –, dass er 18 Ölgemälde anfertigte. Aus Jersey stammten Maler wie John Everett Millais (1829–1896), der ein berühmter Porträtist der viktorianischen Zeit wurde, und Walter William Ouless (1848–1933), der sich so in Sark verliebte, dass er blieb und die spektakuläre Natur der Insel in unzähligen Gemälden porträtierte. Nicht alle Künstler kamen freiwillig. Der französische Dichter Victor Hugo (1802–1875) flüchtete vor der Repression im französischen Kaiserreich und wählte die *Iles anglo-normandes* auch wegen der Sprache. Mitte des 19. Jh. konnte er sich mit den Bewohnern auf Patois verständigen.

Heute treibt der Reichtum so manchen ins Exil – nach Beschwerden des Londoner Fiskus prüfen die Behörden bei Briten mit Wohnsitz auf Guernsey inzwischen, ob deren Bindung an *mainland Britain* nicht doch enger ist.

Inselwirtschaft: Strümpfe, Kühe, Frühkartoffeln

Und wovon lebte man früher auf den Inseln? Nicht ohne Grund heißt heute

Papageitaucher sind Sommergäste von hoher See, die auf einigen Inseln brüten

fein gewirkter Strickstoff ›Jersey‹. Ab dem 18. Jh. strickten die Inselbewohner feine Strümpfe in Heimarbeit, später auch winddichte Pullover, die als *guernseys* heute nicht nur bei Seeleuten gut ankommen. Ein echter marineblauer Pulli ist ein klassisches Souvenir.

Berühmt sind auch die kleinen, knochig wirkenden *Jersey cows* mit dunklen, lang bewimperten Augen. Sie wurden auf der Insel gezüchtet und sind heute eine wegen ihrer Milchleistung (fast 14 l am Tag und im Schnitt 5,2 % Fettgehalt) weltweit gesuchte Rinderrasse. Die *Jersey Royals* sind hochbezahlte Frühkartoffeln, die bereits im Dezember/Januar an den Südosthängen unter Folien gepflanzt, im April erntereif sind. Gedüngt werden sie mit getrocknetem Tang *(vraic)* – wie viele meinen, ein Grund für den guten Geschmack. Auf Guernsey hat man sich auf Schnittblumen und Gewächshaustomaten für den britischen Markt spezialisiert.

Kröten und Esel

Fünf Inseln, das heißt fünf verschiedene Mentalitäten – die Atmosphäre könnte unterschiedlicher nicht sein. Traditionelle Rivalität besteht zwischen den Bewohnern von Jersey (Spitzname *toads,* Kröten) und Guernsey (im Gegenzug auf Patois *ânes,* Esel genannt). Jersey gilt als von geschäftstüchtigen Alteingesessenen und protzigen Neureichen besiedelt, deren lockerer Lebensstil bei den traditionsbewussten Guernseymen Schaudern hervorruft, während die Bewohner von St Helier über die ›spießigen‹ und ›sturen‹ Bewohner der Nachbarinsel müde lächeln.

Umwelt

Auf den Kanalinseln weiß man: Das wichtigste Kapital ist eine intakte Natur. Die Südostküste von Jersey und Guernseys Westen bei Lihou wurden zur marinen Schutzzone erklärt. Von lokalen Organisationen betreute kleinere Schutzgebiete und unbewohnte Inseln sind, ungestört von menschlichen Eingriffen, wichtige Brutplätze u. a. für den selten gewordenen Papageitaucher.

Die Badestrände sind äußerst sauber – nicht nur dank der starken Gezeiten, von denen auch die Austernzucht in der Royal Bay of Grouville auf Jersey profitiert. Wie auf vielen anderen Inseln auch, gibt es in trockenen Sommern bisweilen Engpässe bei der Wasserversorgung, sodass aufs Rasensprengen verzichtet werden muss.

Daten und Fakten

Lage und Ausdehnung: zwischen der Bucht von St-Malo und dem Ärmelkanal vor der Halbinsel Cotentin (Alderney 15 km, Jersey 24 km, Guernsey ca. 50 km)
Fläche: Jersey 116 km², Guernsey 65 km², Sark 5,5 km², Alderney ca. 8 km²
Staat und Verwaltung: zwei unabhängig verwaltete Bailiwicks (Vogteien), nur außen- und verteidigungspolitisch vom Vereinigten Königreich (UK) vertreten. Bailiwick of Jersey mit 12 *parishes* (Gemeinden) und den unbewohnten Écréhous, Minquiers und Douvres; Bailiwick of Guernsey (10 *parishes*) mit Alderney, Sark, Herm.
Bevölkerung: Jersey ca. 92 500 Ew., Guernsey ca. 62 000 (einschließlich Herm und Jethou), ca. 2400 auf Alderney und ca. 600 auf Sark (im Sommer ca. 1000).
Religion: Anglikaner, Katholiken, Methodisten, über ein Dutzend Freikirchen.
Zeitzone: Auf den Kanalinseln gilt wie in Großbritannien MEZ minus 1 Std.

Geschichte, Gegenwart, Zukunft

Die Geschichte menschlicher Besiedlung auf den Inseln reicht sehr weit zurück. 250 000 Jahre alt sind die Funde in einer Höhle im Südwesten Jerseys. Damals stellten dort Großwildjäger Mammut und Wollnashorn nach. Die Landkarte sah noch völlig anders aus: statt Meer ringsum weite von Wäldern bedeckte Ebenen.

Eine frühe Hochkultur

Noch nach den Eiszeiten waren die heutigen Inseln mit dem Kontinent verbunden. Das änderte sich erst langsam in der Steinzeit. Die damals gebauten Großsteingräber (Dolmen) und Menhire (›Hinkelsteine‹) sind so zahlreich auf allen Inseln zu finden, dass man hier fast ein Zentrum jener rätselhaften atlantischen Kultur vermuten möchte, die zu jener Zeit zwischen Stonehenge in Südengland und Carnac in der Bretagne bestand. Auf Jersey und Guernsey zusammen sind über 20 Megalithgräber erhalten. Ursprünglich müssen es um ein Vielfaches mehr gewesen sein. Noch im 19. Jh. wurden manche dieser ›unordentlichen Steinhaufen‹ als Steinbruch und billiges Baumaterial verkauft.

Missionare, Eremiten, Seeräuber

Den Steinzeitkultur wurde abgelöst von Kelten und Römern, für die die Inseln aber lediglich Stationen auf dem Weg nach Britannien waren. Seeräuber, christliche Missionare und Eremiten wie Helier, Brelade, Sampson oder Magloire prägten die Geschichte des frühen Mittelalters. Ein einschneidendes Ereignis war die sagenhafte Flut von 709: Die sumpfige Ebene in der Bucht von Mont Saint-Michel wurde unpassierbar. Bald machten Seefahrer aus Dänemark und Norwegen die Meere unsicher, bekannt als Normannen. Frankreichs König erlaubte ihnen 911 an der Seinemündung zu siedeln, Keimzelle des Herzogtums Normandie, zu dem Mitte des 10. Jh. auch die Kanalinseln gehörten.

Zankapfel zwischen England und Frankreich

Als sich der normannische Herzog Wilhelm im Jahr 1066 zur Eroberung Englands aufmachte, begleiteten ihn auch Gefolgsleute aus Jersey und Guernsey. Nach der Schlacht bei Hastings vereinte er als William the Conqueror (der Eroberer) normannische Herzogskrone und englischen Königsthron und beschenkte seine Vasallen mit Gütern in dem neu eroberten Reich. Noch heute trägt Queen Elizabeth II. u. a. den Titel Duke of Normandy – und ist damit Souverän über die Kanalinseln. Ihr Urahn John Lackland (Johann Ohneland) musste 1204 allerdings nach einem Rechtsstreit zugunsten Frankreichs auf das normannische Festland verzichten.

Mit dem Verlust der Normandie begann der jahrhundertelange Streit zwischen England und Frankreich um die Vorherrschaft. Die ›anglonormannischen Inseln‹ lagen mittendrin. Sie wurden zum Tummelplatz der Festungsbauer und Eroberungsversuche gab es reichlich: Im Hundertjährigen Krieg 1339–1459 gelang es Franzosen, Gorey Castle auf Jersey zu erobern; 1781 kamen sie gar bis auf den Marktplatz von St Helier: In der Battle of Jersey ließen der heldenhafte Verteidiger Major Peirson und der tollkühne Angreifer

Rullecourt gleichermaßen ihr Leben. Die militärische Bedeutung der Inseln spielte auch im englischen Bürgerkrieg und während der Cromwell-Herrschaft eine Rolle: 1649–60 war Guernsey in den Händen der Königsgegner, damals fand der aus England geflohene Thronfolger Charles Stuart in Jersey Asyl, bevor er sich nach Frankreich absetzte.

Deutsche Besatzung

Was die Franzosen nie ganz schafften, gelang den Deutschen. Als einziger Teil des britischen Kronlands wurden die Kanalinseln im Sommer 1940 von deutschen Truppen besetzt und zur ›Inselfestung‹ ausgebaut. Einheimische Arbeitskräfte und Zwangsarbeiter schufteten, um Stollen in den Granit zu sprengen, Bunker und Geschützstellungen zu errichten. Die Insel Alderney wurde zum Arbeits- und Konzentrationslager umfunktioniert, mit Tausenden von Opfern, vor allem aus Osteuropa. Die Besatzer ließen keine Felsnase unbefestigt, keinen Strand unvermint. Bei der Invasion der Normandie 1944 hielten sich die Alliierten dann aber nicht mit der Befreiung einer strategisch unwichtigen Inselgruppe auf. Besatzer und Besetzte waren gleichermaßen vom Nachschub abgeschnitten und hungerten dem Ende des Kriegs entgegen. Erst am 9. Mai 1945 kapitulierte der deutsche Kommandant.

Touristen und Bänker

Schon zu Queen Victorias Zeiten im 19. Jh. kamen die ersten Touristen per Dampfschiff aus England. Später wurden die Inseln als Ferienparadiese für englische Touristen entdeckt. ›Poor man's Spain‹, Spanien der armen Leute, nannte man sie. Heute stellen Briten mit 85 % die große Mehrheit der Besucher. Tourismus und Finanzwirtschaft sind die Haupteinnahmequellen.

Seit 1973 sind die Kanalinseln zwar im Prinzip Mitglied der EU, aber mit vielen Ausnahmen. So bleibt die Einwanderung auf Millionäre beschränkt. Seit Jersey und Guernsey in den 1960er-Jahren die Bankengesetze liberalisierten und die Einkommensteuer auf 20 % festschrieben, boomt das Offshore-Finanzgeschäft. Dank des konservativen politischen Klimas hat sich daran auch durch die Finanzkrise nichts geändert.

Gut gesichert, aber kein Kriegsschauplatz: St Ouen's Bay, Jersey

Übernachten

Auf Jersey, Guernsey, Sark, Alderney und Herm gibt es alle Typen von Unterkünften, vom Luxushotel bis zum Cottage, vom Apartment in einer Anlage mit Pool und Sauna bis zum B&B. Billigunterkünfte sind jedoch rar: Es gibt nur ein Hostel (Durrell Wildlife, Jersey) und relativ wenige Zeltplätze.

Buchung

Außerhalb der Hochsaison findet sich in der Regel mühelos eine Unterkunft, telefonisch oder per Internet, auch über die Websites der Touristeninformationen von Jersey und Guernsey. Um die Buchung festzumachen, ist oft telefonisch die Angabe der Kreditkartennummer erforderlich, manchmal wird eine Anzahlung *(deposit)* verlangt. Manche Hoteliers besorgen auf Wunsch einen Mietwagen ohne Aufpreis. Außerhalb der Hauptsaison bieten selbst teure Nobelhotels Frühbucherrabatte oder erschwingliche Paketangebote.

Preise

Große Preisunterschiede bestehen zwischen Haupt-, Zwischen-, Vor-/Nach- und Nebensaison. Die Staffelung dieser Zeiten variiert von Unterkunft zu Unterkunft. Mit Höchstpreisen rechnen muss man im Juli und August, den Ferienmonaten der Briten. Im Mai/Juni und September sind die Preise zwar schon niedriger, fallen aber erst ab Oktober deutlich und steigen erst ab Ostern wieder.

In schicken Boutiquehotels liegt der Zimmerpreis kaum unter 70 £. Die Preise werden häufig pro Person und Übernachtung *(pppn = per person per night)* angegeben, vorausgesetzt zwei Personen teilen das Zimmer. Ein Double ist mit einem Doppelbett ausgestattet, ein Twin Room besitzt zwei Einzelbetten, ein Family Room mehr als zwei Betten.

Ausstattung

Alle Unterkünfte müssen bei den Tourismusbehörden gemeldet sein, die Einstufung *(grading)* in Kategorien bis zu fünf Sternen ist freiwillig und richtet sich nach den Kriterien des AA (Automobile Association) oder der britischen Tourismusorganisation VisitBritain. Die meisten Zimmer besitzen heute *ensuite facilities,* das heißt Dusche/WC. *Private facilities* kann heißen, dass das Bad zwar außerhalb des Zimmers liegt, aber mit keinem weiteren Gast geteilt wird.

Im Zimmer finden Gäste einen elektrischen Wasserkocher zur Zubereitung von Tee und (Instant-)kaffee.

Die Steckdosen sind mit einem Schalter versehen, der auf ›on‹ gestellt sein muss, damit das eingesteckte Gerät funktioniert. Unbedingt ins Reisegepäck gehören Adapter für den britischen Steckdosentyp.

Hotels und Guesthouses

Der Übernachtungspreis — pro Person im Doppelzimmer rechne man ab 40 £ aufwärts in der Hauptsaison — schließt das üppige englische Frühstück ein (Bed & Breakfast). Manchmal wird auf

Von der Gartenterrasse des Hotels Somerville blickt man auf die St Aubin's Bay, Jersey

Wunsch auch kontinentales Frühstück serviert. Halbpension *(half board)* empfiehlt sich auf den kleineren Inseln Sark und Herm, wo die Auswahl an Restaurants nicht sehr groß ist.

Ferienwohnungen und -häuser

Apartments und Cottages werden meist nur wochenweise vermietet, doch in der Vor- und Nachsaison sind ›midweek bookings‹ möglich. Bettwäsche und die Ausstattung in ›Unterkünften für Selbstversorger‹ *(selfcatering accommodation)* werden gestellt. In manchen Ferienwohnungen schluckt der Stromzähler *(meter)* Münzen. Hübsche Cottages stehen auf Alderney und Sark. Besonders Herm ist eine günstige Alternative für Familien, die reinen Strandurlaub naturnah machen wollen.
Internet: www.freedomholidays.com listet Selfcatering-Unterkünfte, vor allem auf Jersey, weniger auf Guernsey; www.alderneyaccommodation.com ist eine Ferienhausagentur auf Alderney.

Camping

Auf allen Inseln gibt es mindestens einen Campingplatz. Wohnwagen und Wohnmobile sind nur auf Jersey erlaubt, unter der Bedingung, dass direkt der vorausgebuchte Campingplatz angefahren wird. Wer keine Zeltausrüstung mitnehmen möchte, kann meist Hauszelte mit allem Nötigen mieten – fürs ›Glamping‹, d. h. Camping in der Luxusvariante.

Die Denkmalschutzorganisation Jersey Heritage vermietet mehr oder weniger komfortable **Feriendomizile in historischen Denkmälern.** Einige sind wahre Luxusherbergen, wie der Radio Tower (s. S. 46) bei Corbière, Fort Leicester (s. S. 67) an der Nordküste oder ein Sechs-Personen-Apartment in Elizabeth Castle. Andere Denkmäler, meist Festungsruinen, sind nur mit Zelt und Schlafsack sowie Barbecuegrill nutzbar. Info: www.jerseyheritage.org, Stichwort ›Heritage Holiday Lets‹.

Essen und Trinken

Inselspezialitäten

Lokale Produkte

Frischer Fisch und Meeresfrüchte aus küstennahen Gewässern, wie **Hummer, Langusten, Austern und Jakobsmuscheln**, gehören zu den wichtigsten kulinarischen Genüssen, die die Restaurants der Inseln bieten. Daneben kommen weitere lokale Produkte auf den Tisch. Höchstpreise auf britischen Märkten erzielen die **Jersey Royals,** eine sehr frühe Kartoffelsorte. Die kleinen Kartoffeln werden bereits Ende April geerntet, als Pellkartoffeln serviert und schmecken köstlich.

Eine weitere Spezialität ist die Milch der auf Jersey bzw. Guernsey gezüchteten Kühe: der natürliche Fettgehalt der Milch von *Jersey cows* liegt über 5%. Die Butter von den Kanalinseln ist von Natur aus dottergelb, ebenso die Sahne, die beim Cream Tea zum Kuchen gereicht wird.

Zu einem stilvollen Essen wird meist ein guter Wein serviert, in der Regel aus Frankreich. Aber auch auf Jersey wächst ein akzeptabler Weißwein. Das Bier der örtlichen Brauereien auf Guernsey und auf Jersey wird in vielen Pubs ausgeschenkt, darunter auch handwerklich nach alter Art gebrautes, im Fass nachgegorenes und ohne ›Gas‹ per Handpumpe gezapftes Real Ale.

Typische Gerichte

Die deftige normannische Tradition hat viele Spuren in der Inselküche hinterlassen: Dazu gehören *bean jar,* Bohneneintopf mit Schweinefleisch, oder tagelang eingekochtes Apfelmus, *Black Butter.*

Gepflegt Essen gehen, Panoramablick inbegriffen: The Auberge in Guernsey

Mahlzeiten

Nach dem üppigen **Full English Breakfast,** dem englischen Frühstück, fällt das Essen mittags, **Lunch,** meist mager (und preiswerter als das Abendessen) aus. Zum **Cream Tea** kann man außer Scones, ›Rosinenbrötchen‹, mit Erdbeermarmelade die inseltypischen *Jersey wonders* (ein Fettgebäck) oder *Guernsey gâche,* Kuchen aus Trockenfrüchten, probieren. Beim **Afternoon Tea** kommen zusätzlich Sandwiches mit auf den Tisch – eine sättigende Mahlzeit, nach der man kaum noch Appetit auf **Dinner** (Abendessen) verspürt.

Achtung, versteckte Kosten: Auf den Speisekarten vieler Restaurants fehlt der Hinweis »Service charge included«. Dann wird bei der Rechnung 10 % Bedienungsgeld aufgeschlagen. Besser nachfragen. Auf Jersey kommen womöglich noch 5 % GST (Goods and Services Tax) hinzu, falls nicht angegeben. **Sparen** kann, wer kleine Portionen statt große bestellt und wer im Pub statt im Restaurant essen geht. Lunch ist auch in Spitzenrestaurants meist weitaus günstiger als Dinner.

Restaurants

Bei der Vielfalt frischer Zutaten aus dem Meer ist das Essengehen auf den Kanalinseln ein wahrer Genuss. Zudem hat die junge finanzstarke Klientel aus den Büros in St Helier und St Peter Port dafür gesorgt, dass die neusten Trends der Crossover-Küche, die ihre Inspiration aus den Küchen rund um den Globus bezieht, den Weg in die Inselrestaurants fanden. Michelin-Sterne wurden bislang nur auf Jersey vergeben.

In der Regel ist die Küche (auch in den Pubs) 12–14 Uhr und ab 18 Uhr oder 18.30–21 Uhr in Betrieb. Häufig ist allerdings sonntagsabends geschlossen. In viel besuchten Restaurants empfiehlt sich Reservierung. Im Restaurant ist es üblich, dass man zunächst gebeten wird, zu warten, bis ein Tisch frei wird. Man bestellt an der Bar ein Getränk und studiert die Speisekarte.

Pubs

Im Pub *(public house)* holt und bezahlt der Gast an der Theke (bar) seine Getränke. Bier wird in *pint* (0,57 l) oder *half a pint* ausgeschenkt. In den Pubs wird oft sehr gute Hausmannskost serviert *(pub food)*, manchmal in einem gemütlich eingerichteten Nebenraum, der schon beinahe Restaurantqualität hat. Nach dem Bestellen und Bezahlen wird das Essen in der Regel an den Tisch gebracht, in größeren Pubs gibt man dafür die Tischnummer an.

Alkohol darf auf allen Inseln nicht an Personen unter 18 Jahren ausgeschenkt werden. Die Ausschankregeln in den Pubs sind unterschiedlich, aber generell gilt: *Public houses* dürfen Mo–Sa 10–0.45 Uhr (So ab 12 Uhr) Alkohol ausschenken. Innerhalb dieser Zeitspanne variieren die Öffnungszeiten.

Nachtleben

In den Discos und Clubs der Inselhauptstädte St Helier und St Peter Port ist bis in die frühen Morgenstunden Betrieb und besonders am Wochenende herrscht ausgelassene Stimmung. ›Out of town‹ ist es da schon schwieriger, sich abends zu amüsieren. Am Freitag- und Samstagabend sind die Pubs überall gut gefüllt, viele bieten Events wie Livemusik, Terrassen zum Meer und Cocktails zum Sonnenuntergang …

Anreise

Flugzeug

Direktflüge gibt es von Mitte Mai bis Ende September mit Lufthansa (www. lufthansa.com) einmal wöchentl. (Sa) ab Düsseldorf, Frankfurt, München, Wien nach **Jersey (JER),** Mitte April bis Mitte September einmal wöchentl. (Sa) mit Air Berlin (www.airberlin.com) ab Düsseldorf, Berlin, Hannover, München und Wien. Nach **Guernsey (GCI)** sind neben Charterflügen mit Tui-Wolters (www.tui-wolters.de) Direktverbindungen rar: mit Air Berlin ab Düsseldorf und Hannover. Ganzjährig fliegt Blue Islands von Zürich nach Jersey (www.blue islands.com). Die Flugzeit nach Jersey beträgt ab Düsseldorf 1 Std. 30 Min., nach Guernsey ca. 2 Std.

Ganzjährig ermöglichen es Anschlussflüge von Großbritannien, auf die Inseln zu kommen (häufige Verbindungen ab London, Manchester, Birmingham etc.). Air Aurigny fliegt von Frankreich (Dinard) auf die Inseln.

Von den Flughäfen verkehren jeweils Linienbusse in die Stadt bzw. zu Zielen auf der Insel.

Flughafen Guernsey: www.guern sey-airport.gov.gg

Flughafen Jersey: www.jerseyairport. com

Fähre

Von St-Malo/Frankreich nach Jersey und Guernsey verkehren nahezu ganzjährig **Autofähren** (Condor Ferries; Fahrtdauer 1 Std. 15 Min. bzw. 1 Std. 50 Min., www.condorferries.com), von Ende April bis Ende September ein- bis dreimal täglich. Weitere Autofähren ab Poole und Weymouth in Südengland (ca. 3–4 Std.). Die Mitnahme von Fahrrädern ist auf Autofähren möglich.

Passagierfähren verbinden die Inseln zwischen April und September mit Häfen in der Normandie: Die Boote der Fährgesellschaft Manche Iles verkehren auf der Südroute von Granville bzw. auf der Nordroute ab Carteret nach Gorey und St Helier/Jersey (70 bzw. 75 Min.) sowie ab Diélette nach St Peter Port/Guernsey (75 Min., www.manche iles.com). Verbindungen zwischen den Inseln s. S. 25.

Einreisebestimmungen

Bei der Einreise genügt für Bürger der EU und der Schweiz der Personalausweis oder Reisepass. Da die Kanalinseln nicht Mitglied der EU sind, ist die zollfreie Ausfuhr bestimmter Waren in Länder der Europäischen Union beschränkt: pro Person über 17 Jahre 1 l Spirituosen (über 22 %), 4 l Wein, 250 g Tabak, 100 Zigarillos oder 200 Zigaretten, ebenso Mitbringsel im Wert von bis zu 430 €.

Feiertage

1. Januar: (New Year's Day)
Karfreitag (Good Friday) und **Ostermontag** (Easter Monday)
9. Mai: (Liberation Day – Tag der Befreiung von der deutschen Besatzung 1945)
Spring Bank Holiday: letzter Montag im Mai
Summer Bank Holiday: letzter (Alderney: erster!) Montag im August
25. Dezember: (Christmas Day) und
26. Dezember: (Boxing Day)

Feste und Festivals

Jersey

Liberation Day: 9. Mai. In der Zeit um das Datum der Befreiung von der deutschen Besatzung u. a. Konzerte (International Music Festival).

Jersey Gourmet Festival: Mitte–Ende Mai. Sonderveranstaltungen und Spezialmenüs in Restaurants.

Fête de St Helier: Mitte Juli an den Tagen um Festtag des hl. Helier, 17. Juli, Pilgertour zum L'Hermitage Rock.

Battle of Flowers: Mitte Aug. Blumenumzug in St Helier am Freitag, am Samstag nächtliche Moonlight Parade (www.battleofflowers.com).

Grassroots Festival: vorletztes Juliwochenende. Indie-Musikfestival in den Dünen (www.grassroots-jersey.com).

Guernsey

Guernsey Literary Festival: Mitte Mai. Lesungen und Kulturevents.

Liberation Day: 9. Mai. Feuerwerk in St Peter Port am Tag der Befreiung von der deutschen Besatzung 1945.

Viaer Marchi: erster Montag im Juli abends in Saumarez Park (s. S. 96). Traditioneller Markt mit Tanz.

Rocquaine Regatta: erster Sa im Aug. Events entlang der Küste, am Strand, freier Eintritt in Fort Grey.

Torteval Scarecrow: letztes Juliwochenende. Spaßtour im Südwesten ab Torteval Church, eine Art Schnitzeljagd mit Vogelscheuchen *(scrarecrow)*-Sammeln (www.tortelval-scarecrows.org).

North Show and Battle of Flowers: vorletztes Augustwochenende. Landwirtschafts- und Gartenschau mit Wettbewerb um den schönsten Blumenwagen in Saumarez Park (www.guernsey northshow.org.gg).

Tenner Fest: Okt.–Mitte Nov. Viele Inselrestaurants locken mit günstigen Angeboten um 10 £ – daher *tenner*.

Alderney

Seafood Festival: erste Maihälfte. Besonders gutes Meeresfrüchte-Angebot in den Inselrestaurants.

Alderney Wildlife Week: Ende Mai/ Anfang Juni. Geführte Exkursionen in die Natur, Vogelbeobachtung

Alderney Week: erste Augustwoche. Witzige Wettbewerbe und Karnevalsumzug (www.alderneyweek.net).

Sark

Sark Folk Festival: Anfang Juli. Traditionelle Folkmusik und -tanz (www. sarkfolkfestival.com).

Sheep Racing: drittes Juliwochenende. Skurriles rund ums Schaf.

Geld

Jersey und Guernsey besitzen eigene Münzen und Banknoten, die dem britischen Pfund auf allen Inseln gleichgestellt sind.

Wechselkurs: 1 £ = 1,14 €, 1,27 CHF, 1 € = 0,88 £, 1 CHF = 0,79 £.

Mit EC-Karte kann man auf Jersey, Guernsey und Alderney an Bankautomaten rund um die Uhr Bargeld bekommen. Sehr nützlich bei der Zimmerbuchung und beim Mieten eines Fahrzeugs ist der Besitz einer Kreditkarte.

Achtung: 1-£-Banknoten – in England seit langem abgeschafft – sind neben den in Großbritannien üblichen Münzen auf Jersey und Guernsey in Umlauf. Wichtig: Die Bank zu Hause akzeptiert nur britische, nicht jedoch Jersey- oder Guernseywährung. Vor der Rückreise also darauf achten, dass man für einen Rücktausch oder für die nächste Großbritannien-Reise nur britische Währung mit nach Hause nimmt.

Es wird häufig behauptet, die Kanalinseln seien eine ›mehrwertsteuerfreie Zone‹. Doch auf Jersey wird seit 2008 eine **Mehrwertsteuer,** GST (Goods and Service Tax), von 5 % erhoben – auch auf Zeitungen und Bücher, die in Großbritannien umsatzsteuerfrei sind.

Gesundheit

Die Europäische Krankenversicherungskarte gilt auf den Kanalinseln nicht, Medikamente und Arztbesuch müssen direkt bezahlt werden. Es ist ratsam, eine Reisekrankenversicherung abzuschließen, die diese Kosten trägt (Rechnungen aufbewahren und der Versicherung vorlegen).

Nur auf Jersey und Guernsey gibt es eine umfassende ärztliche Versorgung bzw. Krankenhäuser. Medikamente sind nicht teuer und in der Apotheke *(pharmacy, chemist)* sowie bei der Drogeriekette Boots' und in Supermärkten erhältlich (u. U. Rezept des Arztes als Nachweis mitbringen). Bei längerem Aufenthalt auf den kleineren Inseln Vorrat mitnehmen!

Dialysepatienten wenden sich auf Jersey an General Hospital Renal Unit, Gloucester St., St Helier, Tel. 01534 62 21 26.

Informationsquellen

Gute kostenlose Karten sind bei den Touristeninformationsstellen erhältlich, genauer ist Perry's Map (für Guernsey).

Jersey
Kostenlose Informationen über Jersey unter Tel. 06106 7 17 18 (in Deutschland). Im Internet: www.jersey.com (deutschsprachig), s. auch S. 38

Guernsey
www.visitguernsey.com: offizielle Website der Touristeninformation mit umfassenden Infos auch in deutscher Sprache; Hotelbuchung (›Where to Stay‹) www.heritageguernsey.gg: Geschichte, Sprache und Kultur von Guernsey und Nachbarinseln (englischsprachig)

Alderney und Sark
www.visitalderney.com (s. auch S. 104) www.sark.info (s. auch S. 109).

Kinder

Dank der großen Auswahl an flachen, sandigen und sauberen Stränden sind die Kanalinseln beliebte Ferienziele britischer Familien mit kleinen Kindern. Etliche Hotels und Pensionen haben sich darauf eingerichtet. Andere bleiben Kindern unter zwölf Jahren verschlossen.

Grundsätzlich dürfen unter 18-Jährige nur in Begleitung Erwachsener in ein Pub. Viele Pubs, die Mittagessen anbieten, sind kinderfreundlich ausgestattet, sei es mit Spielplatz oder Kindermenüs.

Neben dem Strandvergnügen sind einige Sehenswürdigkeiten besonders interessant für Kinder: auf Jersey der Zoo Durrell Wildlife sowie Samarès Manor, für Kinder im Entdeckeralter das Maritime Museum in St Helier und der Martello-Turm Kempt Tower mit Ausstellung zur Natur; auf Guernsey Fort Grey und das Aquarium. Besonders Herm mit seinen seichten Sandstränden ist für Familien mit kleinen Kindern ein reizvolles Reiseziel.

Klima und Reisezeit

Ein mildes Meeresklima mit nur geringen Temperaturunterschieden zwischen Sommer und Winter prägt das Klima auf den Inseln. Im Winter wird es selten frostig, die Temperaturen sind relativ mild, im Sommer bleiben längere Hitzeperioden aus. Doch die Sonnenscheindauer liegt über dem gesamtbritischen Durchschnitt. Deshalb gehören eine Kopfbedeckung, Sonnenbrille und Sonnenschutzmittel ins Reisegepäck; die Sonneneinstrahlung ist wie überall an der Küste recht stark.

Typisch für das Meeresklima in diesen Breiten: Das Wetter kann sich schnell ändern. Schlechtwetterperioden mit Dauerregen sind aber ebenso wenig an der Tagesordnung wie tagelang wolkenloser Himmel. Zu jeder Jahreszeit sind wind- und regendichte Kleidung und ein warmer Pullover sehr nützlich, ebenso wie ordentliche Wanderschuhe für Wanderungen auf dem Küstenpfad.

Besonders Frühjahr und Frühsommer sind gute Reisezeiten, wenn die Pflanzen in den Gärten und auf den Klippen in voller Blüte stehen. Zum Baden muss man allerdings die Hauptsaison abwarten. Ab Ende Juni ist die Wassertemperatur im Atlantik annehmbar, im August und September ist das Wasser am

Dank des milden Klimas sind die Inseln auch im Winterhalbjahr zwischen Oktober und Ostern ein angenehmes Reiseziel – Wetterkapriolen sind allerdings einzukalkulieren. Bei starkem Sturm bleiben die Fähren im Hafen und der im Winter häufige zähe Nebel kann die Flieger auf dem Flughafen festsetzen.

wärmsten – dann herrscht Hochsaison. Mitte September beginnt die Nachsaison.

Maße und Gewichte

Die in Europa gültigen metrischen Maße und Gewichte haben sich auch auf den Kanalinseln weitgehend durchgesetzt. Nur Meile (1 mile = 1,61 km) und – besonders beim Besuch im Pub (s. S. 17) wichtig – *pint* (= 0,57 l) spielen noch eine Rolle.

Öffnungszeiten

Banken in den großen Orten (St Peter Port, St Helier) sind Mo–Fr 9.15/9.30–16.45 Uhr bzw. Fr bis 18 Uhr geöffnet, manche auch am Samstagvormittag, die Banken in St Anne (Alderney) Mo–Fr 9.30–12.30 und 14.30–15.30 Uhr.

Postämter: Mo–Fr 9–17, Sa 9–12 oder 14 Uhr. Alderney Mo–Fr 9–12.30 und 13.30–17 Uhr. Briefmarken gibt es auch in vielen Supermärkten.

Die **Ladenöffnungszeiten** variieren. Im Allgemeinen kann man in den größeren Orten Mo–Sa 9–17.30 Uhr einkaufen. Donnerstags und samstags ist oft nur halbtags geöffnet. Länger und auch sonntags geöffnet sind Lebensmittelläden und die großen Supermärkte am Stadtrand.

Klimadiagramm St Helier, Jersey

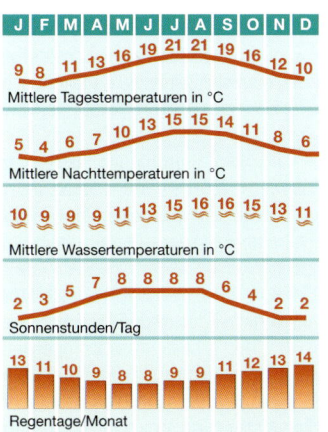

Rauchen

Es herrscht Rauchverbot in öffentlichen Räumen, dazu gehören auch Hotels und Restaurants, Kneipen und Bars. Allerdings hat man in vielen Guesthouses ein Herz für Raucher und gestattet Rauchen im Hof.

Reisen mit Handicap

Die meisten Hotels, Restaurants und Sehenswürdigkeiten sind gut auf behinderte Besucher eingerichtet. Rollstühle und Rollatoren kann man auf Jersey leihen bei Shopmobility, Sand Street Car Park, www.shopmobility.je.

Sport und Aktivitäten

Angeln
Angeln vom Strand ist ein beliebter Sport auf allen Inseln, auch von den Molen im Hafen und von steilen Felsen hat man gute Chancen, einen Plattfisch an den Haken zu bekommen. An manchen Hafenmolen, wie etwa St Catherine's Breakwater auf Jersey, kann man die Ausrüstung leihen. Hochseeangler finden ein spannendes Betätigungsfeld in den Inselgewässern, wo man Seebarsch *(sea bass)*, Heringskönig *(john dorey)* oder Pollack fangen kann. Wo Boot und Ausrüstung gechartert werden können, erfährt man vor Ort bei den Touristeninformationsstellen oder am Hafen.

Baden und Strände
Von Ende Juni bis Mitte September sind Wassertemperaturen von max. 17 bis 19 °C zu erwarten. Wegen des hohen Gezeitenunterschieds sind viele Buchten nicht zu jeder Zeit zum Schwimmen geeignet, also Tidenplan beachten (s. S.

23). Überwachte Strände sind mit einer rot-gelben Flagge gekennzeichnet.

Wem der Hotelpool nicht reicht: Hallenbäder gibt es auf Jersey in St Helier an der Waterfront (Aquasplash) und in Fort Regent, außerdem im Les Quennevais Sports Centre, St Brelade. Auf Guernsey verfügt das Beau Sejour Centre, St Peter Port, über ein Hallenschwimmbad.

Coasteering und Kajakfahren
Coasteering ist eine Funsportart, die Klettern und Wassersportarten wie Seekajakfahren und Schnorcheln kombiniert. Angeboten wird Coasteering auf Jersey u. a. von den Veranstaltern Extreme Jersey (www.extremejersey.co.uk), Absolute Jersey (www.absolutejersey. co.uk, s. S. 47) oder Jersey Adventures (www.jerseyadventures.com), In Guernsey ist u. a. Island Adventures (www. islandadventures.gg) aktiv.

Golf
Auf Jersey gibt es sechs Golfplätze: neben zwei 18-Loch-Plätzen (Royal Jersey Golf Club und La Moye) in den Dünen vor St Ouen's Bay den Les Mielles Golf Course, den Wheatlands Golf Course (9 hole par 3) sowie den 9-Loch-Platz Les Ormes im Landesinnern in St Brelade. Preiswert und unkompliziert golft man auf dem Sportgelände Jersey Recreation Ground (Grève d'Azette, St Clement; 9 Loch par 3 und 4).

Guernsey bietet zwei 18-Loch-Plätze in den Dünen von Ancresse (Royal Guernsey Golf Club und L'Ancresse Golf Club) und einen weiteren beim Hotel La Grande Mare an der Vazon Bay. Ein 9-Loch-Platz findet sich beim St Pierre Park Hotel nahe St Peter Port (Tel. 01481 72 82 82, www.stpierrepark. co.uk). Am niedrigsten sind die Green fees auf dem 9-Loch-Golfplatz von Alderney, der zudem kaum überlaufen ist

Sicherheit und Notfälle

Wie überall sollte man auf seine Wertsachen achten und nichts von Wert z. B. im Auto liegen lassen. Im Allgemeinen gilt aber: Die Kriminalitätsrate ist äußerst niedrig, je kleiner die Insel, desto niedriger. Beim Strandspaziergang und beim Baden im Meer sollte man unbedingt den Stand der Gezeiten beachten (Tidenpläne liegen in der Touristeninformation aus oder online: www.portofjersey.je oder www.guernseyharbours.gov.gg). Je nach Tide können starke Strömungen Schwimmern und Wassersportlern gefährlich werden. An vielen Klippen besteht Steinschlaggefahr – Warnhinweise beachten! **Notruf** Feuerwehr, Polizei oder Rettungswagen: Tel. 9 99. **Sperren von Kreditkarten:** Tel. 0049 11 61 16

(s. S. 105). Näheres im Infoteil bei den jeweiligen Inseln.

Radfahren

Die Kanalinseln sind sehr fahrradfreundlich: Die Höchstgeschwindigkeit auf den Straßen ist ohnehin gering, die Autofahrer sind äußerst rücksichtsvoll (auch gegenüber Fußgängern) und Green Lanes bzw. Ruettes Tranquilles geben Radfahrern ohnehin Vorfahrt.

Acht gut ausgeschilderte Routen erschließen die gesamte Insel **Jersey,** man findet sie auf der Landkarte oder einer »Cycling Map« – doch man kann sich kaum verfahren, denn alle Straßen haben Namen. Das Relief der Insel steigt zwar nach Norden stark an und bietet hier echte Herausforderungen, radelt man aber im Süden entlang St Aubin's Bay oder auf dem autofreien Corbière Walk, bleibt man auf ebenem Gelände.

Abgesehen vom äußersten Süden und St Peter Port findet man auf **Guernsey** kaum Steigungen. Meiden sollte man die viel befahrenen Hauptstraßen, wo sich sofort eine Autoschlange hinter jedem Radler bildet – die Straßen sind enger als auf Jersey. Auch auf Guernsey wurden verkehrsberuhigte Straßen, Ruettes Tranquilles, eingerichtet, die es allerdings zu finden

gilt. Dabei hilft eine spezielle Karte (»Not for Motorists«-Map), die beim Tourist Information Centre erhältlich ist. Dort gibt es auch ein Heft mit Tourenvorschlägen. **Alderney** eignet sich dank des geringen Autoverkehrs sehr gut zum Radfahren. Auf **Sark** ist man aufs Fahrrad angewiesen, will man nicht zu Fuß gehen oder per Pferdekutsche unterwegs sein. Die ungeteerten Sandwege führen nahezu ohne Steigungen über das Inselplateau.

Reiten

Auf Jersey bieten drei Reitschulen qualifizierten Unterricht: Bon Air Stables, La Grande Route de St Laurent, St Lawrence, Tel. 01534 86 51 96; Le Claire Riding and Livery School, Sunnydale, Rue Militaire, St John, Tel. 01534 86 28 23; Tamarind Stables, Le Mont de Vignes, St Peter, Tel. 01534 49 02 04.

Zwei Reitställe mit Unterrichtsangebot gibt es auf Guernsey: La Carriere Stables, Tel. 01481 24 99 98, und Melrose Farm, Tel. 01481 25 21 51 oder mobil 077 81 15 21 51.

Segeln

Die Kanalinseln sind beliebte Segelgewässer. Für Gastsegler wichtig: Auf Jersey können nur in Gorey und St Helier die Einreiseformalitäten geregelt werden; Jachtklubs in St Aubin und St Helier. Auf Guernsey: Victoria Marina und Albert Marina, St Peter Port. Auch Alderney ist ein beliebter Anlaufpunkt für Segler, Liegeplätze finden sie in Braye Harbour.

Tauchen

Zum Tauchen und Schnorcheln sind besonders die Riffe vor der Nordküste von Jersey und der Südküste von Guernsey ideal, in deren glasklaren Gewässern sich reiches Unterwasserleben tummelt, von Seeanemone und Seestern bis zum Congeraal. Auf Jersey bieten Wassersportzentren in Bouley Bay (s. S. 69) und St Helier (H2O, www.divejersey. co.uk) Tauchkurse an und verleihen Ausrüstung. Auf Guernsey gibt es ein Tauchzentrum an der Havelet Bay in St Peter Port (s. S. 80).

Wandern

Zum Wandern sind die Kanalinseln wie geschaffen. Küstenpfade erschließen die schönsten Naturlandschaften von Jersey und Guernsey. Daneben bieten sich im Landesinnern von Jersey die verkehrsberuhigten Straßen, Green Lanes bzw. auf Guernsey Ruettes Tranquilles, für Spaziergänge an. Sehr vielgestaltige Wanderwege bilden auf Guernsey die Water Lanes: Die grünen Wege verlaufen entlang des Entwässerungssystems

Einwöchige **Wanderfestivals** bieten geführte Touren zu Stellen, die man sonst nie finden würde: Spring Walking Week (Mitte Mai) und Autumn Walking Festival (Mitte Sept.) auf Guernsey und Jersey. Eine Wohltätigkeitsveranstaltungt ist der **Itex Around Island Walk** (www.itex walk.je), eine Marathonwanderung einmal rund um die Insel Jersey.

der Insel als schmale Pfade oder idyllische Steinplattenwege.

Auch die kleineren Inseln kann man hervorragend erwandern. Kartenmaterial und Wandertipps gibt es in den örtlichen Buchhandlungen und bei den Tourist Information Centres.

Nicht alle Wanderwege auf den Inseln sind bequeme Spazierwege – besonders entlang der Klippen. Zwar werden schwierige Wegstrecken oft durch Treppenstufen erleichtert. Aber es sind immer wieder einige Höhenmeter zu bewältigen, sodass man unbedingt Schuhe mit gutem Profil tragen sollte. Keinesfalls darf man sich allzu nah an den Klippenrand wagen, der manchmal gefährlich brüchig ist. Der Abstieg in die schönsten Buchten ist meistens mit rund 100 m Treppensteigen verbunden.

Deswegen sollte man sich vorher davon überzeugen, ob der Gezeitenstand den Weg überhaupt lohnt. Denn viele Buchten sind uninteressant, wenn sie bei Flut unter Wasser liegen. Ein Tidenplan informiert über den Gezeitenstand und bewahrt vor unangenehmen Überraschungen (s. Kasten S. 23).

Der 2011 eingeweihte Fernwanderweg **Channel Islands Way** kombiniert Wanderstrecken auf den Inseln Jersey, Guernsey und Sark; ein Wanderführer mit detaillierten Beschreibungen ist vor Ort erhältlich.

Wellenreiten und Windsurfen

Auf Jersey sind besonders die St Ouen's Bay und St Brelade's Bay Treffpunkt für Brett- und Windsurfer; dort gibt es auch Surfschulen und Ausrüstungsverleih. Gute Surfbedingungen herrschen je nach Windverhältnissen auch in Plemont und Grève de Lecq. Auf Guernsey rollen die schönsten Wellen im Westen an, in der Vazon Bay und der Cobo Bay.

Beim Surfen sollte man sich an die Regeln halten: in den an der Ufermau-

Wandern auf dem Klippenpfad nahe Icart Point, Guernsey

er angezeigten Bereichen bleiben und keine Schwimmer behindern.

Telefon und Internet

Überall auf Jersey, Guernsey, Alderney und Sark gibt es noch die guten alten Telefonzellen, auf Jersey und Alderney sind die älteren Exemplare gelb, auf Guernsey blau. Bezahlt wird mit Münzen auf Guernsey auch mit Telefonkarten *(phonecards)*.
Handy: Nicht alle Provider von Prepaid-Karten unterstützen das Telefonieren auf den Kanalinseln. Am besten informiert man sich vorab beim Provider.

Telefonvorwahlen
Von Deutschland, Österreich, der Schweiz und Frankreich wählt man zusätzlich die Landeskennzahl von Großbritannien Tel. 0044, die erste Null der Inselvorwahl entfällt dann.
Jersey: Tel. 01534.
Guernsey, Alderney, Sark: Tel. 01481.
Ländervorwahlen von den Kanalinseln: Deutschland Tel. 0049, Österreich

Tel. 0043, Schweiz Tel. 0041 und Frankreich Tel. 0033; nach Großbritannien entfällt die Ländervorwahl.
WiFi (Internetzugang mit eigenem Laptop oder Handy) wird in den meisten Hotels, an Fährterminals, in Cafés etc. gratis angeboten.

Verkehrsmittel

Die beiden großen Inseln **Jersey** und **Guernsey** verfügen über ein gut ausgebautes Busnetz; die meisten Busse verkehren täglich und bis spätabends. Auf der autofreien Insel **Sark** bewegt man sich per Rad, zu Fuß oder lässt sich mit dem Pferdewagen über die Insel kutschieren. Auf **Alderney** kann man zwar Autos leihen, aber ein Motorroller (Scooter) tut es auch, die kleine Insel umrundet man bequem per Fahrrad und gut trainierte Wanderer schaffen sie gar zu Fuß.

Zwischen den Inseln
Kleine Propellerflugzeuge (Air Aurigny) verbinden Jersey, Guernsey und Alder-

ney. Nach Sark und Herm verkehren Fähren ab St Peter Port, Guernsey.

Fähren zwischen Jersey und Guernsey bieten zugleich eine Sightseeingtour entlang der schönen Buchten auf der Südseite von Jersey mit Umrundung der Corbière-Landspitze und St Ouen's Bay. Auch der Anblick von der Fähre auf das malerische St Peter Port ist reizvoll.

Bus

Jersey: Sehr gut erschlossen durch Busse sind nicht nur die wichtigsten Orte. Zusätzlich zu den regulären Linien im Sommerfahrplan (Juni–Sept.) wurden drei farbig gekennzeichnete Rundlinien eingerichtet, die die meisten Sehenswürdigkeiten abfahren. Tagesticket 6,95 £, Einzelfahrt 1,70 £. Infos zum Busnetz in Jersey: www.mybus.je (Connex).

Guernsey: Knotenpunkt aller Linien ist der Busbahnhof in St Peter Port (Terminus); der Fahrplan ist als PDF herunterladbar: www.icw.gg/buses. Alle Fahrten auf Guernsey kosten einheitlich 1 £.

Taxi

Am besten lässt man sich vom Hotel telefonisch ein Taxi bestellen; Taxistände finden sich in St Helier und St Peter Port sowie an den Flug- und Fährhäfen.

Mietwagen

Die meisten Leihwagen werden nach telefonischer Vereinbarung am Flughafen oder am Hotel abgeliefert. Die Firmen Avis, Hertz und Europcar sind vertreten, dazu kommen lokale Vermieter (s. unter St Helier bzw. St Peter Port). Kreditkarte erforderlich! Es gilt bei den meisten Vermietern nicht nur ein Mindestalter (ab 21 oder 25 Jahre), sondern auch ein Maximalalter (79 Jahre). In Guernsey müssen über 80-Jährige eine Zusatzversicherung abschließen, um einen Mietwagen zu leihen. Die Preise

sind niedrig: z. B. ab ca. 20 £ pro Tag, 80 £/Woche auf Jersey.

Straßenverkehr

Wer das eigene Auto mitnehmen möchte, ist auf die Autofähren (s. S. 18) angewiesen. Auf Jersey und Guernsey herrscht die höchste KFZ-Dichte in Europa. Die Straßen sind wegen der hohen Hecken und Mauern sehr unübersichtlich und besonders auf Guernsey extrem eng. Die Orientierung ist auf Jersey am einfachsten, weil dort die Hauptstraßen gut ausgeschildert sind. Herm und Sark sind autofrei.

Verkehrsregeln

Auf den Kanalinseln herrscht **Linksverkehr;** Fußgänger beim Überqueren einer Straße und Rad- sowie Autofahrer an Kreuzungen müssen also erst nach rechts schauen. Am Anfang: möglichst Zebrastreifen und Gehsteige benutzen und besonders vorsichtig sein. Falls kein Gehsteig vorhanden ist, auf der rechten Straßenseite gehen.

Das **Alkohollimit** beträgt 0,8 Promille; Kontrollen sind häufig und streng. Trunkenheit am Steuer wird immer mit Fahrverbot und Führerscheinentzug bestraft.

Einige Verkehrsregeln und Verkehrszeichen weichen von den in Europa sonst üblichen ab: An der Einmündung einer Nebenstraße in eine Hauptstraße ist eine **gelbe Linie** quer über der Fahrbahn gleichbedeutend mit dem Stopp-Zeichen, hier hat der Verkehr der Hauptstraße Vorfahrt. An manchen Kreuzungen oder Einmündungen in einen Kreisverkehr gilt die sogenannte **Filter-in-turn**-Regel, die durch ein Schild »filter ahead« bereits vor der Kreuzung oder Einmündung angekündigt wird. *Filter in turn* bedeutet Reißverschlussverfahren: Die Autos fädeln sich abwechselnd in den Verkehr ein.

Der Umwelt zuliebe – nachhaltig reisen

Wer eine Stippvisite in die Bretagne nicht scheut, reist per TGV (Tickets unter www.tgv-europe.com) bis Rennes und von dort weiter nach St-Malo, das mit seiner sehenswerten ummauerten Altstadt (Ville close) einen Aufenthalt wert ist. Von dort reist man günstig als Passagier per Fähre weiter nach Jersey und Guernsey. Ist man erst einmal auf den Kanalinseln angekommen, ist nachhaltiges Reisen nicht schwer: Die geringen Entfernungen und das gut ausgebaute Busnetz erleichtern den Urlaub vom Auto. Per Fahrrad (vor allem auf Jersey) und zu Fuß kommt man in alle Ecken und Winkel der Inseln.

Auf den Inseln gibt es unterschiedliche **Geschwindigkeitsbegrenzungen.** Auf Jersey gilt eine Höchstgeschwindigkeit von 40 Meilen/Std. (ca. 64 km/h). Die in ländlichen Gebieten elngerichteten Green Lanes bzw. Ruettes tranquilles (auf Guernsey) dürfen nur mit max. 15 Meilen/Std. (24 km/h) befahren werden; Fußgänger und Radfahrer haben hier Vorfahrt. Auf Guernsey und Alderney beträgt die zulässige Höchstgeschwindigkeit 35 Meilen/Std. (ca. 56 km/h). Wegen der engen und oft unübersichtlichen Straßen ist meistens ein langsameres Tempo angebracht.

Die **Parkvorschriften** sind auf den Kanalinseln sehr streng. Verstöße werden unnachsichtig mit hohen Geldstrafen geahndet. Eine durchgezogene gelbe Linie zeigt absolutes Parkverbot an. Viele Parkplätze sind als *disc zone* gekennzeichnet. Hier muss eine spezielle Parkscheibe auf die Ankunftszeit eingestellt werden. Auf Jersey sind *paycards* erforderlich; die Ankunftszeit wird freigerubbelt und die Karte ins Fenster gelegt (kostenpflichtig und erhältlich beim Tourist Information Centre und in Geschäften). Doch ist Parken, z. B. auf Parkplätzen an der Küste, oft kostenfrei.

Tanken

Benzin, Diesel und Super entsprechen europäischen Standards und sind – je nach Besteuerung von Insel zu Insel unterschiedlich – billig; die Preise liegen weit unter europäischem Niveau.

Organisierte Touren

Tagesausflüge von Jersey und Guernsey zu den Nachbarinseln kann man bei den Fährgesellschaften buchen, auf Wunsch inklusive Fahrradmiete, Kutsch- bzw. Busfahrt und Verpflegung.

Fahrten rund um die Inseln oder entlang der Küste ermöglichen einen Blick in unzugängliche Buchten und Höhlen, auf spektakuläre Felsformationen oder vor der Küste gelegene Vogelfelsen (s. im Kapitel ›Unterwegs‹ unter Sport und Aktivitäten). Verschiedene Veranstalter auf Jersey und Guernsey bieten Ausflugsfahrten per Bus zu den wichtigsten Sehenswürdigkeiten an. Touren in deutscher Sprache auf Jersey bietet Special Tours (Tel. 01534 72 74 94, mobil 07797 76 56 42, www.jerseyspecial tours.com).

Etliche **Reiseveranstalter** haben die Kanalinseln im Programm. Wer gerne Gärten besichtigt oder wandert, bucht am besten eine organisierte Reise, zumal dann günstige Charterflüge zu bekommen sind. Informationen über Reiseveranstalter auf den Websites der Informationsstellen: www.jersey.com und www.visitguernsey.de.

Unterwegs auf den Kanalinseln

Mut zur Langsamkeit gehört bei einer Reise auf die Kanalinseln mit ins Gepäck. Auf Sark ist das Fahrrad das Verkehrs-
mittel der Wahl – wenn man nicht die Pferdekutsche vor-
zieht. Doch alle müssen absteigen, wenn es über die Landbrücke La Coupée nach Little Sark geht – immerhin ist der
Abgrund rechts und links atemraubende 90 m tief.

Jersey

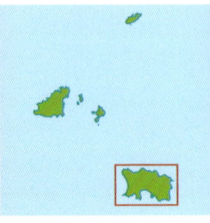

St Helier ▶ P 22–23

Kosmopolitisch, urban, hektisch wirkt die Hauptstadt von Jersey (rund 30 000 Einw.) – und das auf einer abgelegenen Insel im Golf von St-Malo. Morgens vor neun und abends zwischen fünf und sechs Uhr staut sich der Verkehr im Straßentunnel unter Fort Regent und überall rund um St Helier, zur Rushhour hasten korrekt gekleidete Menschen durch die Straßen, auf dem Weg zwischen Computer-Arbeitsplatz, Supermarkt und Single-Apartment. Die meisten arbeiten in der Finanzbranche, die fast 80 % der Inselwirtschaft ausmacht.

Die Stadt boomt und baut. Zwischen der Stadt und Elizabeth Harbour, wo die Fähren anlegen, ist durch Landgewinnung ein völlig neues Stadtviertel mit moderner, ansprechender Architektur entstanden: die Waterfront – schicke Büros und Wohnungen mit Blick auf dümpelnde Jachten, dazu Kinopalast, Hallenbad und Schnellrestaurants. Doch hat St Helier abseits vom Einkaufstrubel viele beschauliche Ecken: Parks und ruhige Innenstadtplätze mit einladenden Cafés, Restaurants und Pubs.

Liberation Square **1**

Auf dem Platz erinnert eine 1995 zum 50. Jahrestag der Befreiung aufgestellte Skulpturengruppe mit Brunnen an das Ende der deutschen Besatzung am 9. Mai 1945. Der von Bänken umstandene Brunnenplatz ist ein Ruhepol jenseits des hektischen Stadtverkehrs.

Maritime Museum **2**, Steam Clock Ariadne **3**
`direkt 1|` ▶ S. 32

Jersey Museum **4**

Weighbridge Place, www.jersey heritage.org, im Sommer tgl. 10–17, im Winter 10–16 Uhr, 8 £

Das Jersey Museum kombiniert Museum, Kunstgalerie und ein denkmalgeschütztes Kaufmannshaus aus viktorianischer Zeit – man sollte sich für die Besichtigung Zeit nehmen. Neben dem Filmsaal des **Museums** liegt im Erdgeschoss ein düsterer Raum mit Folterwerkzeugen aus Newgate, dem einstigen Gefängnis von St Helier, darunter die Treadmill (Tretmühle), in der zwölf Gefangene gleichzeitig schuften mussten. Im ersten Stock kann man sich über Geologie, Flora, Fauna, Politik, Kultur und Geschichte von Jersey informieren und die fast naturgetreue Nachbildung der Höhle von La Cotte betrachten, wo man 250 000 Jahre alte Tierknochen fand. Auch der bei Ausgrabungen in St Helier entdeckte Goldreif ist im Museum ausgestellt. Er gelangte vor 3000 Jahren aus Irland auf die Insel.

Ein Stockwerk höher zeigt die **Art Gallery** Gemälde von Künstlern aus Jersey, u. a. Porträts der ›Jersey Lily‹ Lillie Langtry. Die Pfarrerstochter aus St Lawrence machte im späten 19. Jh. als Schauspielerin und als Mätresse des Thronfolgers Edward von sich reden.

Noch ein Stockwerk höher hat man Blick auf Fort Regent und die Signalsta-

St Helier, hier die King Street, ist die Shopping-Metropole der Kanalinseln

tion von 1708, die älteste der Britischen Inseln. Kenner können aus den gehissten Wimpeln Informationen über die eingelaufenen Schiffe ablesen; noch heute werden Sturm, hohe Flut und das Auslaufen des Rettungsbootes auf diese Weise in St Helier signalisiert.

Der Schritt über die Schwelle ins Nebengebäude, das 1820 für den Kaufmann und Reeder Philippe Nicolle gebaute Haus **Pier Road No. 9,** führt in eine vergangene Zeit. Das Gebäude wurde bis ins Detail – sogar mit Gasbeleuchtung – wie im Jahr 1861 restauriert, eine repräsentative großbürgerliche Residenz der viktorianischen Ära. Der Name Pier Road hat seinen Grund: Seinerzeit befand sich das Kai mit der großen Waage (Weighbridge) direkt vor dem Haus. Ungewöhnlich für jene Zeit: Der Kaufmann hatte nicht nur sein Kontor hier, direkt am Kai, sondern auch seine Wohnung.

Parish Church St Helier 5

Die aus rötlichem Granit errichtete Parish Church St Helier wurde schon im 11. Jh. erwähnt, der jetzige Bau stammt im Wesentlichen aus dem 14. Jh. Zwischen 1864 und 1868 wurden die Chorfenster im präraffaelitischen Stil der Zeit eingebaut. An eine wichtige Begebenheit in der Geschichte Jerseys erinnert ein schlichter Stein mit der Aufschrift »Peirson«: The Battle of Jersey. Der Major dieses Namens verteidigte die Insel 1781 erfolgreich gegen die Franzosen. Dabei fand er den Tod, ebenso wie der Anführer der Invasorentruppe, Baron de Rullecourt, der außerhalb der Kirche beigesetzt wurde.

Royal Square 6

Zu Ehren von König Charles II. heißt der ehemalige Marktplatz Royal Square. Zweimal wurde Charles auf diesem Platz zum englischen König ausgerufen, 1649 nach der Hinrichtung seines Vaters durch Cromwells Truppen in London, womit Jersey seinen royalistischen Geist bewies, und 1660 noch einmal, als nach dem Ende der Republik der Monarch nach England zurückkehren konnte. Die goldglänzende **Statue** zeigt einen seiner Nachfolger, George II., in der Montur ▷ S. 34

1 | Jersey, der Kabeljau und das Meer – Maritime Museum

Cityplan: S. 34

In einem der ehemaligen Hafenspeicher in St Helier lädt das Maritime Museum ein, die Welt der Seefahrt und des Meeres zu erleben – ein Museum, das keine Langeweile aufkommen lässt und mit einer Vielzahl technischer Apparate viel Raum für eigene Aktivitäten und spannende Entdeckungen bietet.

Hafenbummel für Entdecker

Moderne, schicke Büro- und Apartmenthäuser mit Blick auf den Jachthafen dominieren St Heliers Waterfront seit der Umgestaltung des Hafens Anfang des 21. Jh. zum Freizeit- und Geschäftsviertel. Bevor Tourismus und Finanzindustrie die wichtigsten Einnahmequellen wurden, war für die Bewohner von St Helier das Meer die Hauptquelle ihres Reichtums. Sie wurden durch die Seefahrt wohlhabend: Freibeuterei und Piraterie, schließlich der Kabeljaufang. Auch davon erzählt das 1997 eröffnete **Maritime Museum** 2 . Dessen Eingang markiert eine Galionsfigur, die Replik einer Figur, die einst den Bug eines Schiffes namens Roseau schmückte – deshalb trägt sie einen Rosenstrauß in der Hand.

Kuriositätenkabinett mit Lernfaktor

Das für seine Konzeption preisgekrönte Maritime Museum macht neugierig auf die Technik rund um die Seefahrt. Spleenige Maschinen stimmen auf Maritimes ein. Spielerisch erfährt man, wie eine Schiffsschraube funktioniert oder wie ein Schiffsmotor von innen aussieht. Wer sich im Schiffbau versuchen möchte, kann ein Mini-Segelboot zusammenbauen und im Windkanal gleich ausprobieren, ob es sinkt. Weitere Anregungen gibt vielleicht die dem Museum angegliederte Schiffbau-Werkstatt.

Das Kabeljau-Dreieck

Globale Dimensionen hat Jerseys Wirtschaft offenbar schon immer gehabt: So hatten geschäftstüchtige Jerseymen zwischen 1830 und 1880 eine interessante Variante des Welthandels etabliert. Ihre Schiffe fingen Kabeljau *(cod)* in schier unerschöpflichen Mengen auf der anderen Seite des Atlantik vor Neufundland. Den Fisch brachten sie dort zum Trocknen und Einsalzen an Land und das so veredelte Produkt – Stockfisch – danach auf die Märkte in Europa und Südamerika. Von Südamerika bezog man schließlich kostbare Kolonialwaren wie Tropenholz, Zucker, Kaffee und Spirituosen.

Ein historisches Surfboard

Eines der erstaunlichsten Exponate ist ein unhandlich wirkendes Brett aus solide verleimtem Schichtholz: eines der ältesten Surfboards der Welt. Als Surfer der ersten Stunde wirkten am Strand der St Ouen's Bay tätige Lebensretter *(life guards)* aus Südafrika, die dort von 1958 an das Wellenreiten als Sport etablierten; die Bucht ist bis heute einer der besten britischen Surfspots.

Der Schiffbruch der Havick

Die Bucht von St Aubin und ein nachlässiger Kapitän wurden der 1784 in Amsterdam gebauten ehemaligen Korvette Havick am 9. November 1800 zum Verhängnis. Nachdem ihr auf einer Patrouillefahrt vor der Bretagne der Anker abhanden gekommen war, hatte sie – wie andere Schiffe – bei heraufziehendem Sturm in der Aubin's Bay Schutz gesucht. Der Südwesthurrikan riss die Havick los, sie strandete zwischen First Tower und Bel Royal. Menschen kamen nicht zu Schaden. 1987 entdeckte man das Wrack, ab 1997 wurde es ausgegraben. Die ausgestellten Funde geben Einblick in den Alltag an Bord, von der Meerschaumpfeife bis zum Essgeschirr.

Tapestry Gallery

Im Gebäude des Maritime Museum (gleiche Öffnungszeiten) ist ein Raum einem besonderen Kunstwerk gewidmet, die **Tapestry Gallery** zeigt die Occupation Tapestry. Zwei farbstarke und ästhetisch ansprechende Wandbehänge, an denen über 200 Bewohner der Insel mitgestickt haben, behandeln das Thema deutsche Besatzungszeit 1940–45. Dabei steht der Alltag der Inselbewohner im Mittelpunkt – mit dem Tenor: Die Inseln hielten England die Treue auch unter deutscher Besatzung.

Für die Kaffeepause

Die beste Kaffeebar *in town*, wie manche meinen, befindet sich im ehemaligen Bahnhof der einst von St Helier nach St Aubin verkehrenden Bahn. Im **Pasty Presto** 7 gibt es Cappuchino und Kaffeekreationen (2–3 £) – wer hier nur eine Tasse Tee trinkt, ist selber schuld. Dazu gibt's leckere französische Patisserie und für den großen Hunger Cornish pastys in diversen Geschmacksrichtungen (4,50–6 £). Schnell, lecker, preiswert, auch Takeaway. Gratis WiFi.

Sehenswertes in der Nähe

An der Rückseite des Maritime Museum macht ein merkwürdiges Ungetüm mit blechernen Glockenschlägen alle Viertelstunde auf sich aufmerksam: **Steam Clock Ariadne** 3, eine Dampfuhr (Steam Clock). Die Neuschöpfung aus Teilen eines alten Passagierdampfers in einem Brunnenbecken wird per Dampfmaschine betrieben – ein echtes Kuriosum.

eines römischen Kaisers – nicht ganz authentisch mit dem kokett zur Schau gestellten Hosenbandorden.

Mit alten Kastanienbäumen und Bänken bildet der Royal Square abseits des Getümmels der Fußgängerzone eine ruhige, grüne Oase. Auf einer Längsseite des rechteckigen Platzes erstrecken sich das majestätische, 1866 errichtete Gebäude des **Royal Court,** in dessen States Chamber das Parlament der States of Jersey tagt, und die ehemalige **Public Library.** Die farbig gefassten Wappen über den Eingängen zeigen die Symbole der englischen Könige, Löwe und Einhorn. Eine Inschrift erinnert an den größten Dichter von Jer-

sey, Maistre Robert Wace, der im Mittelalter mit den Chroniken »Roman de Rou« und »Roman de Brut« Literaturgeschichte machte, indem er die Artuslegende in die französische Literatur einführte.

Markthallen

Der **Central Market** 7 in der restaurierten Halle Halkett Place/Ecke Beresford Street mit einer Glaskuppel, unter der ein Springbrunnen sprudelt, ist ein sehenswertes Beispiel viktorianischer Eisen-Glas-Architektur. Feine Kapitele schmücken die schlanken Eisensäulen, in den Zwickeln sind die Eisenträger mit farbigen Jersey-Wappen und Ranken-

St Helier

Sehenswert

1. Liberation Square
2. Maritime Museum
3. Steam Clock Ariadne
4. Jersey Museum
5. Parish Church St Helier
6. Royal Square
7. Central Market
8. Beresford Market
9. Howard Davis Park
10. Collette Walk
11. Elizabeth Castle

Übernachten

1. Radisson Blu
2. Club Hotel & Spa mit Restaurant Bohemia
3. Hôtel de France
4. Royal Yacht Hotel
5. Alhambra Hotel
6. La Bonne Vie
7. Liberty Apartments

Essen und Trinken

1. La Capannina
2. Mino's
3. Moita's
4. Hector's Fish & Chip
5. Cafejac
6. Dicq Shack
7. Pasty Presto

Einkaufen

1. Liberty Wharf
2. Jersey Pottery Shop
3. Post Office

Ausgehen

1. Lamplighter Pub
2. Cock & Bottle
3. The Peirson
4. Chambers
5. Dog & Sausage
6. Blue Note
7. Jersey Arts Centre
8. Jersey Opera House
9. Cineworld

Sport und Aktivitäten

1. Zebra Hire
2. Fort Regent Leisure Centre
3. Aquasplash
4. South Coast Cruises
5. Little Train

---

werk aus Gusseisen dekoriert (Mo–Mi, Fr, Sa 7.30–17.30, Do 7.30–14 Uhr). Den Fischmarkt findet man schräg gegenüber im **Beresford Market** 8, ein schnörkelloser Zweckbau, wo vormittags Hochbetrieb herrscht. Hauptattraktion ist das bunte Angebot an Hummern, Garnelen, Muscheln und Fischen aus Inselgewässern (Mo–Sa 7.30–17.30 Uhr).

Howard Davis Park 9

Am Eingang des Parks begrüßt die imposante Statue von König George V. die Besucher. Der Garten ist ein Hort subtropischer Pflanzen, die im milden Klima der Südküste hervorragend gedei-

hen. Thomas Benjamin Frederick Davis, ein in Südafrika zu Reichtum gekommener Bürger der Insel, ließ die Anlage gestalten, heute ist sie eine Stiftung. Sie heißt zum Gedenken an Davis' im Ersten Weltkrieg gefallenen Sohn Howard Davis Park.

Collette Walk 10

Ausgestattet mit Bänken für Sonnenhungrige zieht sich der Promenadenweg auf St Heliers sonniger Südseite entlang bis zu Collette Gardens. Hier endet auch der Radweg, der die ganze St Aubin's Bay entlangführt. Treppen führen hoch in diesen wunderschönen kleinen Park oberhalb des Havre des

Pas. Hier wachsen Palmen, Feigenbäume, zahlreiche Ziersträucher und mediterrane Kräuter. Versteckt in der südöstlichen Ecke steht einer der wenigen ›echten‹ Martello-Türme von Jersey, der Collette Tower von 1833.

Elizabeth Castle 11
direkt 2 | ▸ S. 39

Übernachten

Luxus an der Waterfront – **Radisson Blu** 1: Rue de L'Etau, Tel. 01534 67 11 00, www.radissonblu.co.uk/hotel-jersey. Der topmoderne Neubau des Jahres 2011 mit 195 Zimmern bietet erstklassigen Blick auf die Marina und die St Aubin's Bay. Zimmerpreis (bis zu drei Pers.) mit Blick auf St Helier 165 £, mit Seeblick 190 £.

Boutiquehotel – **Club Hotel & Spa** 2: Green St., Tel. 01534 88 05 88, www.theclubjersey.com. EZ/DZ/Suite 215–445 £ incl. Continental Breakfast. Mitten in der City liegt das moderne Hotel für Leute mit Hang zum Genießen. Das Wellness-Angebot umfasst Sauna, Salzwasserbecken u. v. m.

Wellness im Hotelpalast – **Hôtel de France** 3: St Saviour's Rd., Tel. 01534 61 41 00 (Reservierungen), www.defrance.co.uk. Moderner Hotelpalast mit Vier-Sterne-Komfort; 284 Zimmer, Schwimmbad, Sauna, Solarium, Fitness-Center, Konferenzzentrum und Kino am Stadtrand. Hochsaison (Juli/Aug.) EZ 80–145 £, DZ 160–210 £.

Der **Jersey Pass** gewährt zum Einheitspreis Eintritt zu 16 Sehenswürdigkeiten, u. a. Elizabeth Castle, Gorey Castle und La Hougue Bie sowie Durrell, und kostet 32 £ (zwei Tage), 45 £ (vier Tage) oder 59 £ (sechs Tage). Näheres unter www.jerseyheritage.org.

Schick und zentral – **Royal Yacht Hotel** 4: Weighbridge Place, Tel. 01534 72 05 11, www.theroyalyacht.com. Hochklassiges Vier-Sterne-Hotel mitten im Zentrum, mit Balkon zum Hafen. Im verglasten Anbau des historischen Hotels direkt neben dem Jersey Museum befinden sich drei Restaurants, vier Bars, ein Spa-Bereich und ein Hallenbad. 135–220 £/Person.

Gemütliches Hotel – **Alhambra Hotel** 5: Roseville St., Tel. 01534 73 21 28, www.alhambrahotel.net. Das kleine Hotel mit 18 Zimmern in ruhiger Lage ist in Familienbesitz und bietet den üblichen Komfort. DZ 66–110 £, je nach Saison.

Hübsches B&B – **La Bonne Vie** 6: Roseville St., Tel. 01534 73 59 55, www.labonnevie-guesthouse-jersey.com. Die hübsche viktorianische Reihenhaus-Villa mit zehn komfortablen Zimmern ist mit viel Plüsch und Himmelbetten eingerichtet. Juni–Sept. 30–38 £ pro Person.

Für Selbstversorger – **Liberty Apartments** 7: Bridge Street Worldwide, The Esplanade, Tel. 01534 71 47 00, www.libertyapartments.co.uk. Sowohl anspruchsvolle Weltenbummler als auch Geschäftsreisende fühlen sich hier wohl: Apartments mit einem oder zwei Schlafzimmern ab 75/85 £ ohne Frühstück (595–1400 £/Woche). Topmodern eingerichtete Küche, DVD-Player und Fernseher, Bad mit allem Komfort, in einem Neubau direkt am Busbahnhof – zentraler geht es nicht.

Essen und Trinken

Mit Stern – **Restaurant Bohemia: im The Club Hotel** 2 (s. oben), Green St., Tel. 01534 88 05 88, www.theclubjersey.com, Mo–Sa 12–14.30, 18–22 Uhr. Seit 2005 mit einem Michelin-Stern gekrönt; der bekannte britische Fernsehkoch Shaun Rankin kocht vorzugsweise mit Produkten aus Jersey: Fisch und Meeresfrüchte, feine Gemüse (drei Gänge 55 £, Lunch ab 18–20 £).

Fein italienisch – **La Capannina Restaurant** **1**: 67 Halkett Place, Tel. 01534 73 46 02. Nobles italienisches Restaurant mit französischer Note, erstklassige Weinkarte, Lunch/Dinner 15–30 £. Antipasti 9–19 £, Fleischgerichte 15–19 £, ein *cover charge* von £ 3 wird erhoben, zum Lunch wird leichte Küche serviert (um 7,50 £).

Viva Italia – **Mino's** **2**: 66 Bath St. (Ecke Minden Place), Tel. 01534 73 73 97, So geschl., im Sommer tgl. geöffnet. Mittelmeerküche – italienische und portugiesische Espetadas, viele Fischgerichte, Mittagskarte 8–12,50 £, abends Gerichte um 21 £.

Portugiesisch und reichlich – **Moita's** **3**: Havre des Pas, gegenüber Fort D'Auvergne Hotel. Hier wird viel Fisch serviert, Madeira-typische Espetadas vom Holzkohlengrill – alles in Riesenportionen. Drei Gänge 17 £, Hauptgerichte 15–18 £. Gute Weine.

Fish'n'chips – **Hector's Fish & Chip Restaurant** **4**: 1 Dumaresq Street, Mo–Sa 12–22 Uhr. Die Pommes sind handgeschnitten, der Fisch frisch und lecker paniert – was will man mehr? Als Alternative gibt's Burger. Das meiste unter 10 £, z.B. Cod and chips 7,75 £. Wer sich nicht entscheiden kann, nimmt am besten Hector's fish platter für eine Person (11,95 £).

Kult – **Cafejac** **5**: Jersey Arts Centre, Phillips Street, www.cafejac.co.uk, Küche Mo–Fr 7.30–20, Sa 7.30–14.30, So geschl. Immer voll, günstig und gut. Das Warten auf die leckere Multikulti-Küche lohnt sich: tunesische Lamb Chops mit Kichererbsenpüree, Couscous und Harissa 8,75 £, Vegetarisches wie Pakoras 7,25 £, auch Sandwiches.

Thai-Garküche am Strand – **Dicq Shack** **6**: Le Dicq Slipway, St Clement's Rd., Ecke Havre des Pas, Tel. 01534 73 02 73, tgl. Sommer 12–21, sonst 17–21 Uhr. Sehr beliebter Imbiss, Starters 5–12 £, Hauptgerichte 10–15 £, authentische thailändische Gerichte in großer Auswahl in einer bescheidenen hölzernen Bude, Tische unterm Sonnenschirm am Strand, alles auch zum Mitnehmen.

Schnell und günstig – **Pasty Presto** **7**: s. S. 33.

Einkaufen

In den Hauptstraßen der Fußgängerzone, Queen Street und King Street, gibt es zahlreiche Einkaufsmöglichkeiten für Kleidung und Schuhe. Hier liegen auch die alteingesessenen Warenhäuser Gruchy's und Voisin's. Mehr Schauen als Shoppen wird man im **Central Market** **7** (s. S. 34) mit Gemüse, Obst, Milchprodukten und Fleisch sowie im Fischmarkt **Beresford Market** **8** (s. S. 35).

Schicke Mall – **Liberty Wharf** **1**: Liberation Place. In die historischen Mauern des ehemaligen Schlachthofs sind schicke Boutiquen und Einrichtungsgeschäfte eingezogen.

Keramik – **Jersey Pottery Shop** **2**: Halkett Place/Waterloo St. Hier kann man die geschmackvollen Produkte der Töpferei in Gorey (s. S. 60) kaufen.

Für Briefmarkensammler – **Post Office** **3**: Broad St., Mo–Fr 9–17, Sa 9–14 Uhr, mit Philatelic Bureau, speziell für Sammler.

Ausgehen

Pub mit Atmosphäre – **Lamplighter Pub** **1**: 9 Mulcaster St., Tel. 01534 72 31 19. Die üppige ›Rule-Britannia‹-Skulptur im Giebelfeld des denkmalgeschützten Hauses – sie ist das Werk eines Kapitäns im Ruhestand – ist nicht zu verfehlen, und das Lokal darunter eine der besten Adressen für Bier und Cider aus Jersey; außerdem Real Ale aus Cornwall und über 100 Sorten *malt whisky.*

Nettes Pub – **Cock & Bottle** `2`: Halkett Place/Ecke Royal Square. Traditionelles Pub, lebhaftes Publikum, im Sommer Tische auf dem Royal Square, kein Abendessen.

Historisches Ambiente – **The Peirson** `3`: Royal Square. Das traditionsreiche Pub bietet neben bierseliger Atmosphäre drinnen und einigen Tischen auf dem Platz draußen deftige Jersey-Küche, Spezialität ist der große ›Major-Burger‹ mit Krabben (6,50 £).

Manchmal mit Musik – **Chambers** `4`: Mulcaster St. Im Eingangsbereich signalisieren dunkle Ledersofas und Bücherwände Gemütlichkeit, weiter hinten ist viel Platz für Livemusik-Events. Abends meist gut besucht, viele Biersorten, Lunch-Angebote.

Traditionell – **Dog & Sausage** `5`: 9 Halkett St. Traditionelles Pub mit Real Ale-Angebot.

Jazz live – **Blue Note** `6`: 20 Broad St. Die wichtigste Adresse für Jazz-Fans auf den Inseln, häufig Livemusik.

Anspruchsvolle Kulturevents – **Jersey Arts Centre** `7`: Phillips St., Tel. 01534 70 04 00, www.artscentre.je. Kabarett, Lesungen, Theater.

Shows und mehr – **Jersey Opera House** `8`: Gloucester St., Vorverkauf Tel. 01534 51 11 15, www.jerseyoperahouse.co.uk. In historischer edwardianischer Pracht genießt man Varieté, Shows, Opern.

Großkino – **Cineworld** `9`: The Waterfront, www.cineworld.co.uk.

Sport und Aktivitäten

Fahrradverleih zentral – **Zebra Hire** `1`: 9 Esplanade (gegenüber Busbahnhof), Tel. 01534 73 65 56, www.zebrahire.com. Qualitätsräder, Mountainbikes, Rennräder (15 £/Tag, 25 £/zwei Tage), Tandems (30 £/Tag, 60 £/zwei Tage); auch Mietwagen (s. unten).

Hallensport – **Fort Regent Leisure Centre** `2`: Tel. 01534 44 98 00, www.gov.je/esc, Mo–Fr 9–21, Sa, So 9–17 Uhr. Bowling, Minigolf, Badminton, Squash, Tischtennis, Billard – eine sportliche Alternative für Regentage.

Spaßbad – **Aquasplash** `3`: Waterfront, Tel. 01534 73 45 24, www.aquasplash.je. Ganzjährig geöffnet; Schwimmbad mit Außen- und Innenbecken, Sauna, Dampfbad, Wasserrutschbahn und vielen Extras für Kinder.

Sightseeing per Boot – **South Coast Cruises** `4`: Kiosk am Albert Quay, Tel. 01534 73 24 66 oder mobil 07797 78 88 41, www.jerseycruises.com. Trips die Südküste entlang.

Mini-Bahn – **Little Train** `5`: www.littletrain.co.uk, April–Okt. 10–17 Uhr. 35-minütige Tour entlang St Aubin's Bay, Start am Übergang zu Elizabeth Castle.

Infos und Termine

Jersey Tourism Visitor Centre: Liberation Place, Tel. 01534 44 88 77, www.jersey.com. Nov.–Mitte April Mo–Fr 8.30–17.30, Sa 9–13, Mitte April–Mai und Okt. Mo–Fr 8.30–17.30, Sa, So 9–13, Juni–Sept. tgl. 8.30–17.30, Sa, So 9.30–14.15 Uhr.

Bus: Vom Busbahnhof Liberation Station fahren Linienbusse in alle Teile der Insel; Infos: Tel. 01534 87 77 72, www.mybus.je.

Fähren: Autofähren (Condor) aus Frankreich, Großbritannien und Guernsey legen am Elizabeth Terminal, die Passagierfähren (Manche-Iles Express) nach Frankreich und Sark am Albert Terminal an (ca. 300 bzw. 500 m bis zur Innenstadt), Bus 19 (nur Mo–Sa).

Taxis: Taxistände (Public Rank) in Weighbridge Place, Broad St., am Fuß von Fort Regent (Snow Hill) und am Hafen. ▷ S. 42

Cityplan: S. 34

Selten dokumentiert eine Festungsanlage Militärgeschichte im Lauf der Zeiten so anschaulich wie Elizabeth Castle. Die königliche Burg in der Bucht von St-Helier hat gut fünf Jahrhunderte Belagerung und Kanonendonner auf dem Buckel – doch der erste namentlich bekannte Bewohner des Felsens war ein Heiliger ...

Bis ins 16. Jh. lag die wichtigste Burg von Jersey, zugleich Sitz des Lieutenant Governor, des Vertreters der englischen Krone, an der Ostküste der Insel: Mont Orgueil (s. S. 61). Doch den Neuerungen der Militärtechnik war die Burg in Gorey nicht gewachsen. So begannen Ende des 16. Jh. auf dem L'Islet Rock rund 1 km weit draußen in der St Aubin's Bay die Arbeiten für ein neues Fort, das nach modernsten Erkenntnissen der Festungsarchitektur konzipiert war. Dem damaligen Lieutenant Governor Sir Walter Raleigh diente es 1600–1603 als offizielle Residenz. Galant wie er war, hatte der ›Pirat der Königin‹ die neue Burg nach seiner Gönnerin Fort Isabella Bellissima genannt, heute Elizabeth Castle.

Kurze Geschichte einer Festung

Zu der zwischen 1594 und 1601 errichteten frühen Burganlage (Upper Ward) um den runden Turm (Keep) am höchsten Punkt kam im 17. Jh. während des englischen Bürgerkriegs als Vorposten auf der Landseite der kleinen Insel Fort

Fast wie vor 300 Jahren: im Gleichschritt marsch über den Exerzierplatz

Charles hinzu. Zwischen Fort Charles und der Festung befand sich außer einer Windmühle damals nur unbebautes Land. Der Vorposten war durch einen Graben abgetrennt und für sich zu verteidigen. Erst im 18. Jh. wurden dort die Gebäude einer Garnison errichtet, die bis in das 19. Jh. bestand. 1942 befestigten die deutschen Besatzer das strategisch günstig vor der Hafeneinfahrt gelegene Elizabeth Castle mit Bunkern und Flugabwehrgeschützen.

Vom Vorposten zum ersten Vorhof, Outer Ward

Nach Passieren von **Fort Charles** , benannt nach dem englischen Stuart-Thronfolger, der im Bürgerkrieg auf Jersey Zuflucht suchte, gelangen Besucher

Übrigens: Bei der Battle of Jersey 1781 gelang es einem französischen Kommando, bis zum Marktplatz von St Helier vorzustoßen. Eine der Ursachen dafür, dass die an der Ostküste bei Platte Rocque Point an Land gegangenen Invasoren so weit kamen, war dass die Soldaten Elizabeth Castle wegen der einsetzenden Flut nicht verlassen konnten!

in das Wachhaus, **Guardhouse** **2**, von 1810. Dort erhalten sie eine Einführung zur Festung sowie Informationen über die Tier- und Pflanzenwelt der Festungsinsel. Hinter dem Gebäude führen Schienen zum **Searchlight bunker** **3**, in dem während der deutschen Besatzungszeit der Suchscheinwerfer verborgen war.

Auf dem Weg zum ältesten Teil der Festung, dem Rundturm am südwestlichen Ende der Insel, passiert man eine Reihe kleiner Schiffskanonen. Von der kleinen Plattform **The Cockpit** **4** wird jeweils um 12 Uhr mittags eine Kanone gezündet – der Böller erinnert an die Belagerung während des Bürgerkriegs.

Zweiter Vorhof, Lower Ward

Der Weg führt auf einen großen Exerzierplatz, **Parade Ground** **5**, in dessen Mitte ein Kreuz den ehemaligen Standort der Abteikirche markiert, die 1651 bei der Belagerung durch die englischen Parlamentariertruppen zerstört wurde. Sie war Teil der in normannischer Zeit, 1155, auf dem ›Inselchen‹ Islet gegründeten Abtei. In den angrenzenden Gebäuden aus dem 18. Jh. befinden sich das **Castle Café**, das **Museum der Royal Jersey Militia** **6**, der früheren inseleigenen Verteidigungstruppe, und ein weiteres **Museum** 7 zur Geschichte von Elizabeth Castle.

Das Allerheiligste: Upper Ward

Man erreicht den am stärksten gesicherten Bereich der Burg, Upper Ward, durch die wappengeschmückten Tore **Iron Gate** 8 (1600) und den ursprünglichen Eingang zur Burg, das in den 1590er-Jahren gebaute **Queen Elizabeth's Gate** 9. Es führt zum alten **Burgturm (Keep)** 10 mit Resten eines deutschen Bunkers, von dem man St Aubin's Bay und den Hafen St Helier komplett übersehen kann.

Zur Einsiedlerklause

An der äußersten Südspitze der Insel, 300 m entfernt vom Castle, liegt **Hermitage Rock** 11. Der Legende zufolge soll dort Helibert (Helier), der zum Christentum bekehrte Sohn eines heidnischen sächsischen Fürsten aus Tongern im heutigen Belgien, Mitte des 6. Jh. friedlich als Eremit gelebt haben. Als er versuchte, Piraten, deren Sprache er sprach, das Evangelium nahezubringen, sollen sie ihn mit einer Axt enthauptet haben. Seinen Kopf unterm Arm, marschierte er davon – so will es die Überlieferung. Daran erinnern die zwei gekreuzten Äxte im Wappen von St Helier. Heute ist die Eremitenklause Hermitage Rock erreichbar über eine Mole (bei starkem Wind gesperrt). Die winzige Kapelle am Ende der steilen Stufen scheint förmlich aus dem Felsen herauszuwachsen. Sie wurde im 12. Jh. über einer natürlichen Höhle errichtet – der Legende nach die karge Bettstatt des Eremiten.

Infos

Elizabeth Castle: www.jerseyheritage.org, Anfang April–Ende Okt. tgl. 10–17.30 Uhr, Erw. 9 £ (11,50 £ incl. Fähre), Kinder 6 £ (8,50£).

Wie hinkommen

Zu Fuß ist Elizabeth Castle nur bei Ebbe auf dem Damm (Causeway) erreichbar – täglich sieben Stunden aber ist der Landweg abgeschnitten. Jederzeit kommt man mit einer der **Castle Ferries** hin, einem der Amphibienfahrzeuge, die am Kai gegenüber bereitstehen. Diese mit Rädern ausgestatteten Boote verkehren bei Ebbe und Flut.

Achtung, Kanonendonner

Der Master Gunner gibt das Kommando »Fire«; zwischen 11.30 und 13.30 Uhr kann man sich als Freiwilliger für den täglichen Böller melden. Die in zeittypische Kostüme gekleidete ›Besatzung‹ der Festung vermittelt Besuchern Einblick in die historischen Ereignisse. Es wird exerziert und marschiert, und Begebenheiten wie der Aufenthalt von Charles II., der bei seiner Flucht nach Frankreich hier Station gemacht haben soll, nachgestellt.

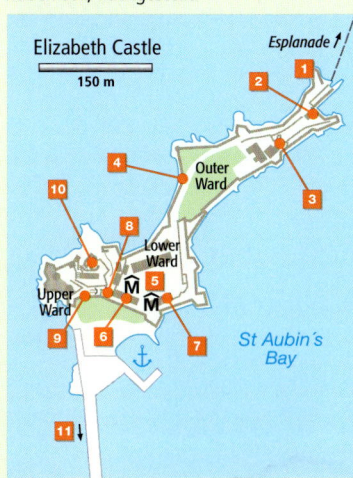

Elizabeth Castle
150 m
Esplanade
Outer Ward
Lower Ward
Upper Ward
St Aubin's Bay

Mietwagen: Die meisten Leihwagen werden nach telefonischer Vereinbarung am Flughafen, Hafen oder am Hotel abgeliefert (s. auch S. 26). Leihwagenbüros in St Helier sind Zebra Car Hire, 9 Esplanade, Tel. 01534 73 65 56, www.zebrahire.com, und Sovereign Hire Cars, 27 Esplanade, Tel. 01534 60 80 62, www.carhire-jersey.com.

St Lawrence ▶ O–P 21–22

`direkt 3` ▸ S. 43

Glass Church ▶ O 22

Millbrook, seit 2011 wegen Renovierung geschl., weitere Infos www.glasschurch.org

Die außen unscheinbare St Matthew's Church trägt den Namen ›Glaskirche‹ wegen ihres Interieurs: Die gläsernen Engelsfiguren an den Türen, die Engel mit Lilien in der Hand in der Wand zur Lady's Chapel, der Taufstein und das 5 m hohe gläserne Kreuz über dem Altar bestehen aus opakem, in Form gegossenem Glas nach Entwürfen des Pariser Art-déco-Künstlers René Lalique. Abends bei von Westen einfallendem Sonnenlicht oder durch künstliche Beleuchtung während eines Gottesdienstes erstrahlen die Engel in voller Schönheit. 1934 stiftete Lady Trent die Dekoration im Gedenken an ihren verstorbenen Mann, den Gründer der Boots'-Drogeriekette, Sir Jesse Boots.

St Aubin ▶ O 22/23

St Aubin gehört zwar verwaltungstechnisch zur Gemeinde St Brelade, doch lange Zeit war es wegen seines geschützten Hafens viel bedeutender als die Inselhauptstadt St Helier. Wo heute im **Hafen** des kleinen, pittoresken Ortes zahlreiche Jachten liegen, konnte schon Ende des 17. Jh. tideunabhängig die Flotte der Kabeljaufischer überwintern, bevor sie wieder Richtung Neufundland aufbrach. Trockenfisch war ein Standbein der Hafenstadt, ein anderes der Handel mit kostbaren Waren aus fernen Ländern, wie Tee oder Tabak sowie Schmuggelware, besonders Wein.

Nur bei Ebbe gelangt man trockenen Fußes zum Mitte des 16. Jh. errichteten und 1742 wieder aufgebauten **St Aubin's Fort,** das den Hafen zur Meerseite abschirmt. Zu besichtigen ist das Fort selbst nicht und rechtzeitig vor Einsetzen der Flut sollte man den Rückweg angetreten haben.

Corbière Walk ▶ M–O 22–23

In St Aubin beginnt der Corbière Walk. Auf der Trasse der Eisenbahn, die ab Ende des 19. Jh. von St Helier über St Aubin bis zum Corbière Point fuhr, kann man heute gemütlich spazieren gehen oder radeln (12 km St Helier–Corbière) – das Anfangsstück hat die stärkste Steigung, ab Quennevais Sports Centre geht es abwärts. Nachdem man die Strecke bis Corbière verlängert hatte, war sie noch bis 1936 in Betrieb. Erst die deutschen Besatzer benutzten die Bahnstrecke wieder, die dann aber nach Kriegsende endgültig stillgelegt wurde.

Shell Garden ▶ N 22

Le Mont Les Vaux, Tel. 01534 74 35 61, www.jersey.co.uk/attractions/ shellgarden, tgl. 9.45–16.45 Uhr je nach Saison, 2 £

Von St Aubin steigt die Straße steil ins Landesinnere. Kurz hinter einer Haarnadelkurve hat der Besitzer des ›Muschelgartens‹ Haus und Garten über und über mit dekorativ angeordneten Muschelschalen bedeckt – ein sehenswertes Kitsch-Kaleidoskop, das seinesgleichen sucht. ▷ S. 45

3 | Auf grünen Wegen durch die Mitte – St Peter und St Lawrence

Karte: ▶ N–P 21–22 | **Länge:** ca. 8 km

Eine runde Sache für Radler ist die Halbtagestour von St Aubin's Bay ins grüne Herz der Insel und von Tal zu Tal vorbei an zahlreichen historischen Bauten von unterschiedlichstem Charakter zurück in die Bucht.

Auf der Promenade entlang St Aubin's Bay, parallel zur vierspurigen A 2, etwa 3,3 km hinter St Helier startet bei Beaumont kurz vor dem **Gunsite Café** die Tour, wo Radroute 4 (»Sandybrook/St John«) abzweigt. Man kreuzt die A 2 stressfrei an einer Fußgängerampel und nimmt den Kiesweg, eine frühere Perquage (s. S. 8), zwischen Wiesen Richtung Sandybrook.

Im Tal der Mühlen

Schilder weisen in Sandybrook zur **Tesson Mill** ■, einer vierstöckigen historischen Mühle im **St Peter's Valley**, die noch bis 1960 Wasserkraft nutzte, um Getreide zu mahlen. An der Nonkonformistenkapelle Tesson Chapel vorbei geht es ein kurzes Stück auf der Straße, Richtung Jersey War Tunnels. Kurz darauf passiert man einen **Blechschuppen** ■. Hier werden die Show-Wagen für die Battle of Flowers gebaut und in der Nacht vor dem großen Blumenkarneval **Battle of Flowers** mit unzähligen Blüten für den Umzug geschmückt.

Jersey unter dem Hakenkreuz

Kurz darauf ist **Jersey War Tunnels** ■ angezeigt und es geht ein Stück steil bergauf. Von den deutschen Besatzern wurden die in den Fels gesprengten Stollen kurz Ho8 (für ›Hohlgangsanlage 8‹) genannt: Die 1 km langen Gänge mit konstant 10–13 °C waren Treibstoff- und Waffenlager, und kurzzeitig unterirdisches Krankenhaus. Tausende von Zwangsarbeitern mussten rund 6000 t Fels beiseiteschaffen. Die Aus-

43

stellung zur deutschen Besatzung auf der Insel 1940–45 lässt Evakuierte wie Daheimgebliebene zu Wort kommen, beleuchtet Repression und Zensur, Kollaboration und Denunziation.

Geschichte multimedial

Das steilste Wegstück der Tour steht nun bevor: Der schattige Hohlweg Charrieres Malorey windet sich in Serpentinen bergauf. Wo die Route auf die Rue de la Fontaine St Martin stößt, liegt der vom National Trust betreute historische Bauernhof **Morel Farm** 4 mit zwei wappengeschmückten Rundportalen, groß für Wagen und klein für Fußgänger. Ohne an Höhe zu verlieren, ist auf der Rue de la Fontaine St Martin ein Abstecher zum **Living Legend Village** 5 möglich, wo die Show The Jersey Story mit Trickeffekten Legende, Geschichte und Fiktion zu einem Histo-

rienspektakel verwebt. Zum Ausgleichssport bietet sich der gepflegte Minigolfparcours an.

Stille Täler, ländliche Idylle

Zurück auf der Rue de la Fontaine St Martin (hier verlässt man Route 4) geht's abwärts in ein Tal zum **Le Rât Cottage** 6. Auf das winzige Haus aus dem 17. Jh. wirft man einen diskreten Blick (kein Zutritt, privat) und hält sich links, folgt kurz Radroute 3 Richtung Victoria Village/Gorey. Sie kreuzt die verkehrsreiche A 10, dann taucht im Tal das **Hamptonne Country Life Museum** 7 auf. Das Freilichtmuseum mit originalgetreu restaurierten Gebäuden (17. Jh.) dokumentiert das Landleben früher. Nochmals hügelan, dann fährt man im **Waterworks Valley** vorbei an Jerseys Trinkwasserreserven zu Tal.

Alternative für Fußgänger

Wanderer biegen am Südende des ersten Stausees vom Chemin de Moulins in die schöne, steile Allee zur **St Lawrence Church** 8 (Bus Nr. 25, 27).

Sehenswertes am Wege

Jersey War Tunnels: Les Charrières Malorey, www.jerseywartunnels.com, März–Nov. tgl. 10–18, letzter Einlass 16.30 Uhr, 10,90 £. Café/Restaurant.
Living Legend Village/The Jersey Story: La Rue du Petit Aleval, www.jerseyslivinglegend.co.je, März u. Nov. Sa–Mi 10–17, letzte Show 16.30 Uhr, Anfang April–Ende Okt. tgl. 9–17 Uhr, 7,50 £. Deutsche Fassung über Kopfhörer. Café, Restaurant, Pub, Laden, Minigolfanlage, hübscher Garten.
Hamptonne Country Life Museum: Rue de la Pulente, www.jerseyheritage.org, Schulferien (Ostern, Ende Mai/Anfang Juni, Juli, Aug., zweite Okt.hälfte) tgl. 10–17 Uhr, 7 £.
Morel Farm und **Le Rât Cottage** geöffnet am Heritage Day (Anf. Sept.)

Ein malerischer Anblick: der Jachthafen von St Aubin

Übernachten

Mit Aussicht – **Hotel Cristina:** Mont Felard, Tel. 01534 49 19 11, www.cristinajersey.co.uk. Modernes Vier-Sterne-Hotel in Hanglage (steile Zufahrt!) mit schönen, durchdacht eingerichteten Zimmern, die meisten mit Blick über die St Aubin's Bay, großzügige Gartenterrasse, großzügiger Pool, DZ 59–138 £, die meisten Zimmer mit Meerblick.

Gediegen am Hafen – **Somerville Hotel:** Mont du Boulevard, Tel. 01534 74 12 26, www.somervillejersey.co.uk. Historischer viktorianischer Hotelpalast in schöner Lage über dem Hafen von St Aubin mit Terrassengarten. Die meisten der 56 Zimmer haben Hafenblick, kleine, landseitige EZ ab 69 £, DZ ab 79 £.

B&B mit Charme – **St Magloire Guest House:** La Rue du Crocquet, Tel. 01534 74 13 02, www.stmagloireguesthouse.com. Im alten Ortskern von St Aubin auf dem ruhigen Stück der Kopfsteinpflastergasse. Alle zwölf Zimmer mit Dusche/WC, einige mit Blick auf die Bucht. 25–45 £ pro Person im DZ.

Versteckte Lage – **Olanda Guest House:** La Rue du Crocquet, Tel. 01534 74 25 73, www.olandaguesthouse.com. Das kleine, schlichte B&B liegt ruhig und weit oben am Hang in der stillen Gasse, DZ 50–70 £.

Essen und Trinken

Flotter ›Schuppen‹ – **The Boathouse:** 1 North Quay, Tel. 01534 74 71 41, www.theboathousegroup.com, tgl. 11–23 Uhr. Gerichte ca. 10–25 £. Schmackhafte Speisen, darunter ungewöhnliche Versionen von Klassikern und originelle moderne Kreationen, dazu ein schickes, modernes Ambiente rund um die Bar und herrliche Ausblicke von der Veranda und durch verglaste Wände auf das Hafenbecken gleich nebenan.

Weltläufig – **Danny's:** St Aubin's Harbour, Tel. 01534 74 73 06, www.dannys.je, Di–Do 17.30–21.30, Fr, Sa 11–14.30, 17.30–21.30, So 12–15 Uhr. Bistro mit baumbestandenem Innenhof, die Küche macht Anleihen bei allen Küchen der Welt – nach Möglichkeit unter Verwendung lokaler Produkte aus Jersey.

Historisches Ambiente – **Old Court House Inn:** The Bulwarks (am Ende des Kais), Tel. 01534 74 64 33, www.oldcourthousejersey.com, tgl. 12.30–14.30, 19–22 Uhr. Fisch- und Meeresfrüchtespezialitäten wie Dover sole und Jersey plaice im pittoresken Ambiente eines alten Kaufmannshauses, uriges Pub, Lunch 12–16 £, Dinner 25–30 £. Auch Hotel (90–130 £/DZ).

Einkaufen

Originelle Souvenirs – **Harbour Gallery:** Le Boulevard (am Kai, aber in der zweiten Reihe), www.mnlg.com, tgl. 10.30–17.30 Uhr. Eine besondere Kunstgalerie mit Werken vom Ölbild bis zu ungewöhnlichem Kunsthandwerk. Träger ist eine Initiative lokaler Künstler zur Förderung unabhängiger Kunstprojekte u.a. mit Behinderten.

Ausgehen

Gemütliches Pub – **Tenby Bars:** The Bulwarks (am Anfang des Kais), Tel. 01534 74 12 24. Traditionelles Pub mit ebensolcher Küche (um 8 £). Mit Terrasse zum Jachthafen – bei schönem Wetter ideal.

Sport und Aktivitäten

Wassersport – **Jersey Sea Sports Centre:** La Haule Slip, Tel. (mobil) 077 97 73 81 80, www.jerseyseasport.com. Ostern–Sept. 9.30–17 Uhr. Renommierte Wasserskischule, Ausrüstungsverleih, Schnellbootfahrten, Bananaboat-Fahrten ab 21 £/drei Personen.

Radtouren und -verleih – **Jersey Cycletours:** am Corbière Walk im alten Bahntunnel, www.littletrain.co.uk, April–Juni und Sept., Okt. tgl. vormittags, Juli/Aug. bis 16.30 Uhr. Fahrradverleih 12,50 £/Tag, 49 £/Woche.

Verkehr

Bus: von St Helier nach St Aubin Nr. 12, 12a, 14 und 15 (Richtung Flughafen) sowie blaue Linie.

St Brelade ▶ M–N 22–23

St Brelade's Bay mit der palmengeschmückten Strandpromenade und herrlichem Sand ist eine gute Basis für Wassersportfans. Mit dem langen, flach abfallenden Sandstrand ist St Brelade's Bay beliebt bei Familien mit Kindern und an Wochenenden oft gut besucht.

Am Westrand der Bucht steht das wohl älteste erhaltene Gotteshaus der Insel: **Fisherman's Chapel** (12. Jh.), daneben die **St Brelade's Parish Church** ▶ N 23. Die Kirche, so vermutet man, entstand aus einem vom irischen Missionar Brendan im 6. Jh. errichteten Bethaus. Auf ihn soll auch der Name Brelade zurückgehen. Die Fresken im Innern der Kapelle stammen aus dem 14. und 15. Jh. Es heißt, der Weg von der Kirche zum Strand sei die kürzeste Perquage der Insel (s. S. 8). Doch es ist fraglich, ob der Weg durch den Torbogen je dazu diente, Verurteilten zur Flucht zu verhelfen. Der Durchgang zum Strand wurde erst im 19. Jh. beim Umbau des Kirchhofs eingerichtet.

Übernachten

Wohnen im Turm – **Radio Tower:** www.jerseyheritage.org, Stichwort Heritage Holiday Lets (s. auch S. 15). Der 1942 von den deutschen Besatzern errichtete Betonturm ist nicht nur ein

Blickfang auf der Klippenkante bei La Corbière, man kann ihn sogar mieten, mitsamt der tollen Aussicht von der Glaskuppel aus. Stilvoll eingerichtete Luxusapartments für max. sechs Personen, ab 1008 £/Woche.

Luxus – **L'Horizon:** La Route de la Baie, Tel. 01534 74 31 01, www.hand pickedhotels.co.uk/lhorizon. Eines der besten Hotels auf Jersey (vier Sterne), herrliche Aussicht auf die herrliche Bucht – unübertroffen. Ausgesuchter Luxus in den 106 Zimmern, bester Komfort mit beheiztem Salzwasser-Pool und Spa-Abteilung 109–280 £/DZ. Erstklassiges Ocean Restaurant (s. unten).

Komfort pur – **St Brelade's Bay Hotel:** La Route de la Baie, Tel. 01534 74 61 41, www.stbreladesbayhotel.com. Im Jahr 2011 renoviertes und neu mit Fitnesseinrichtung ausgestattetes 79-Zimmer-Haus mit allem Komfort und stilvoller Einrichtung direkt an der Bucht, zwei Pools, Sauna, schöner Garten, DZ (Standard) 140–344 £ (Suite).

Strandhotel – **Golden Sands Hotel:** La Route de la Baie, Tel. 01534 49 19 11, www.goldensandsjersey.co.uk. Kinderfreundliches Strandhotel, Balkonzimmer mit serh schönem Blick und zweckmäßiger Einrichtung, DZ 79–149 £.

Essen und Trinken

Stylish – **Oyster Box:** St Brelade's Bay, Tel. 01534 74 33 11, www.oysterbox. co.uk, Di–Sa 12–15, 18–21, So nur mittags. Die Atmosphäre ist kühl und trendy, die Kost kaum überraschend: vor allem Austern, und zwar aus der Royal Bay of Grouville. Auch sonst ist, was hier verzehrt wird, meist regional produziert, das Publikum jung und wohlhabend, 20–25 £.

Seafood zum guten Preis – **Crab Shack:** St Brelade's Bay, Tel. 01534 74 46 11, www.crabshackjersey.co.uk,

Di–Sa 10–20.45, Mo, So 10–14.45 und 17.45–20.45 Uhr. Bester Service, Fish'n'Chips in Superqualität zu rund 11 £, oder frische Jersey Crab und andere Köstlichkeiten aus dem Meer, effizient serviert in vorderster Front mit Panoramablick auf die Bucht.

Gartenlokal – **The Poplars Tea Room:** La Moye, St Brelade. Das Gartencafé liegt geschützt im Landesinnern einige Kilometer entfernt von den Buchten im Südwesten. Den Kuchen backen die Bisson-Schwestern selbst. Im Garten sitzt man unter dem über 100 Jahre alten Feigenbaum, der im August reiche Früchte trägt. Honig aus der eigenen Imkerei. Cream Tea 7,25 £. Kaffee und verschiedene Teesorten, auch guter Kräutertee.

Sport und Aktivitäten

Wassersport – **Surf'n'Sun Watersports:** St Brelade's Bay, www.surf andsun.co.uk. Seekajakverleih, Wakeboarden und Speedboat-Fahrten.

Zu Land und zu Wasser – **Absolute Jersey:** Tel. (mobil) 07797 73 64 11, www.absolutejersey.co.uk. Seekajakverleih, Coasteering, Wasserski, Abseiling, Speedboat-Fahrten.

Golf – **Les Ormes Golf & Leisure Club:** Mont à la Brune, St Brelade (neben dem Flugplatz), Tel. 01534 49 70 00, www.lesormesjersey.co.uk. 9-Loch-Golfplatz, Fitnessstudio und Tennishalle.

Hallensport – **Les Quennevais Sports Centre:** La Route des Quennevais (am Corbière Walk), Tel. 01534 44 98 00, www.gov.je (Stichwort ›Leisure and entertainment, Sports‹). Kleines Hallenbad, Fitnessstudio, Squash und Badminton, Tennis u. a.

Infos

Bus: Nr. 12 (über St Brelade bis Corbière mit Abstecher nach Portelet).

In der Umgebung

Jersey Lavender Farm ▶ N 22

Rue du Pont Marquet, St Brelade, Tel. 01534 74 29 33, www.jersey lavender.co.uk, März–Okt. Di–So 10–17 Uhr, 3 £

Der Betrieb destilliert ätherische Öle, vor allem aus Lavendel, der im Südwesten von Jersey hervorragend gedeiht, und Rosmarin. Neben den Lavendelfeldern, die im Juni/Juli blühen, ist eine Ausstellung über die Ölgewinnung und den Destillationsprozess zu sehen.

Reg's Garden ▶ N 22/23

Badger's Holt, St. Brelade, Tel. 01534 74 37 56, www.reg-garden.com, tgl. 10–17 Uhr, Spende erbeten

Blühende Sträucher und Blumenrabatten hat Reg Langlois liebevoll zu einem harmonischen Ganzen geordnet und seinen Privatgarten für Besucher geöffnet. Außerdem: Feengarten, Wasserfall und ein Teich mit Koi-Karpfen – sehr entspannend.

Ouaisné Bay ▶ N 23

Wegen des schönen Sands und der geschützten Lage populär und bei schönem Wetter oft gut besucht ist der Strand von Ouaisné (sprich: uäinie). Oberhalb der Bucht kann man die stechginsterbewehrte Heidelandschaft der Ouaisné Common durchstreifen, ein Paradies für Vögel. Von der Klippenhöhe blickt man auf die weite Sandbucht St Brelade's Bay und den Ort. Zu Fuß sind beide von Ouaisné aus schnell und bequem über Stufen erreicht.

Strandlokal mit Schick – **Beach House:** Oaisné Bay, Tel. 01534 49 86 05, www.theboathousegroup.com, April– Mitte Okt. tgl 12–21 Uhr. Tags gibt man sich familienfreundlich, abends ist die verglaste Aussichtsterrasse direkt am Strand eine schicke Ausgeh-Adresse, wo Cocktails gemixt werden. Frische Küche von Tapas bis zum Dreigängemenü, alles klassisch bis innovativ, Hauptgerichte ab 8 £.

Uriges Pub – **Old Smugglers Inn:** Ouaisné Bay, St Brelade, Tel. 01534 74

Ein verschwiegenes Plätzchen – Beauport Bay ist ein kleines Paradies

Corbière Lighthouse

Bei Ebbe ist der Leuchtturm von Corbière (s. S. 4, ▶ M 23) auf einem etwa 700 m langen Weg zwischen schroffen Felsen hindurch erreichbar. Bevor der höchste Wasserstand erreicht ist, ertönt eine warnende Sirene, die man keinesfalls ignorieren sollte – die Flut kommt rasch. Der Leuchtturm, dessen Licht 27 km weit reicht, war 1874 der erste Betonturm auf den Britischen Inseln. Am Zugang zum Übergang (Causeway) erinnern zwei verschlungene Hände in Stein an das Unglück im Frühjahr 1995, als 900 m nördlich des Leuchtturms eine französische Fähre einen Felsen rammte. Über 300 Passagiere wurden damals aus den eisigen Fluten gerettet.

15 10, www.oldsmugglersinn.com. Ein schnuckeliges altes Pub mit großer Auswahl an Real ale, *stout* und *porter*, deftige Küche, 7,50–13,25 £.

Beauport ▶ N 23
Steile Klippenpfade und Treppen führen hinab vom Parkplatz zu der kleinen, verschwiegenen Badebucht mit wunderschönen rosa Granitfelsen. Der mühsame Weg lohnt nur bei beginnender Ebbe. Andere Wege verlaufen parallel zur Küste mit schönen Aussichtspunkten u.a. Richtung St Brelade's Bay (über Le Creux) und nach Westen Richtung La Moye und Corbière.

Noirmont ▶ O 23
Vom Parkplatz am Noirmont Point aus kann man zu Fuß den einsamen, heidebewachsenen Landvorsprung erkunden, wo ein restaurierter, mehr als 10 m tiefer, zweistöckiger **Kommandobunker** der deutschen Besatzer steht. Vom Turm hat man durchs Fernglas einen ausgezeichneten Überblick über Jerseys Südküste (Channel Island Occupation Society, www.ciosjersey.org.uk, April–Sept. So 11–16.30 Uhr, 2,50 £).

Portelet ▶ N–O 23
Ein Abzweig von der Route de Noirmont führt nach Portelet. Gegenüber dem Old Portelet Inn kann man über die breiten Stufen bequem in die kleine Bucht absteigen, eine der schönsten der Insel, bei Ebbe mit Sandstrand. In der Mitte der geschützten, sandigen Bucht thront auf einer bei Ebbe zugänglichen Insel die Ruine eines Martello-Turms.

Familienfreundliches Pub – **Old Portelet Inn:** La Route de Noirmont, oberhalb Portelet Bay, Tel. 01534 74 18 99, Küche Mo–Do 12–20.30, Fr, Sa 12–21, So 12–20 Uhr. Geräumiges Pub mit gemütlichen Ecken und Winkeln, kinderfreundlich (Spielecke), gute, preiswerte Küche, Riesenportionen, 10–15 £.

St Ouen ▶ M–N 20–23

St Ouen's Bay ▶ M 20–23
Zwischen den rosa Granitriffen am Leuchtturm La Corbière im Süden und dem Felsmassiv L'Etacq (**direkt 4** ▶ S. 50) im Norden nimmt die 6 km lange St Ouen's Bay die gesamte Westküste von Jersey ein: ein breiter, feinsandiger, weißer von Dünen gesäumter Strand, der bei Ebbe endlos erscheint und bei Flut gewaltige Brecher anrollen sieht – ideal zum Surfen und Strandsegeln, herrlich für lange Strandspaziergänge. Für den ersten Überblick empfiehlt sich ein Halt am Parkplatz **La Pulente.** Im Süden der Bucht ragt ein mächtiger, gedrungener Martello-Turm   ▷ S. 54

Karte: ▶ M–N 20 | **Länge:** 10 km | **Anfahrt:** ab St Helier mit Bus 12a bis L'Etacq, zurück nach St Helier mit Bus 9 oder blaue Linie ab Grève de Lecq

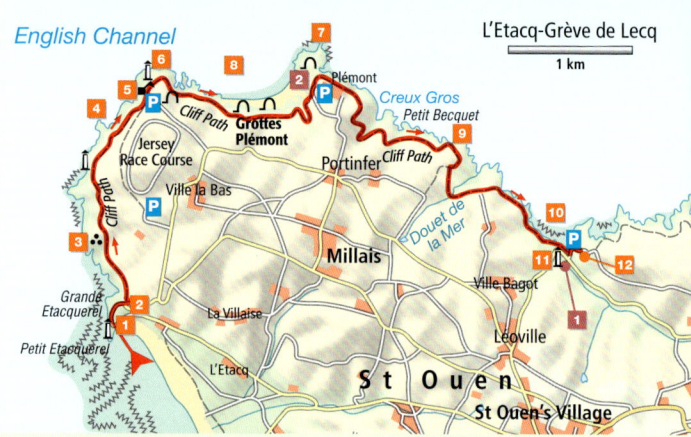

Der Küstenpfad zwischen Jerseys felsiger Nordwestspitze, L'Etacq, und der Sandbucht Grève de Lecq ist kein Spaziergang, aber die herrlichen Aussichten auf weit draußen liegende Riffe, schäumendes Meer, Seevögel und unter den Klippen gähnende Höhlen lohnen die Kletterpartie.

Hummerbunker und Weltkriegsbatterie

Von der Endhaltestelle der Buslinie 12a in **L'Etacq** geht man zum **Bunker 1** aus deutscher Besatzungszeit, der heute als Hummerlager dient. Vom Parkplatz am Bunker folgt man der Serpentinenstraße ein kurzes Stück bergan, dann zweigt links der Küstenpfad ab. Nach steilem Aufstieg gelangt man zur **Batterie Moltke 2** mit einem von

den deutschen Besatzern hinterlassenen Geschütz. Der Blick zurück ist überwältigend: Er umfasst die Landspitze L'Etacqerel und die gesamte Weite der St Ouen's Bay.

Der Steinzeit auf der Spur

Durch eine karge Vegetation aus vom Wind niedrig gehaltenen, mit Heidekraut durchsetzten Kriech- und Stechginsterpolstern nähert man sich **Le Pinacle 3**. Der überdimensionale, natürliche Menhir verfehlte wohl schon auf die Menschen der Steinzeit seine Wirkung nicht. Er ragt 70 m hoch auf und bildet von der Meerseite einen natürlichen Schutz für eine grasbewachsene Senke. Dort befand sich vor rund 5000 Jahren eine neolithische Steinaxtwerkstatt, wie Funde zeigen. Die bei Ausgrabungen zutage geförderten Gebäudefundamente eines römischen Handelsstützpunkts aus dem 2. Jh. sind noch erkennbar. Wahrscheinlich gab es hier auch einen Kultplatz.

Land Art pur

Etwas entfernt ragt ein markanter Beobachtungsturm aus deutscher Besatzungszeit auf. Der Pfad überquert auf Planken feuchtes Sumpfland. Durch karge Heidevegetation mit verstreuten ‚riesigen Felsbrocken geht man entlang einer unzugänglichen Bucht mit atemberaubenden Ausblicken in die gischtschäumende Tiefe und auf die bizarren Felsformationen der **Tête d'Ane** `4`, die an Gesichter erinnern. Der Granit der schroffen Felsnasen glüht vor allem bei niedrig stehender Sonne tieffrosa. Landeinwärts liegt der **Jersey Race Course,** alle paar Monate Schauplatz von Pferderennen.

Kulisse für Sonnenuntergänge

Hinter einer kleinen Senke tauchen die malerischen Ruinen einer im 14. Jh. zum Schutz vor französischen Eindringlingen errichteten Burg auf: **Grosnez Castle** `5`. Die auf drei Seiten von Klippen umgebene Anlage war praktisch uneinnehmbar, besaß aber keine eigene Quelle. Schon Mitte des 16. Jh. war Grosnez Castle eine Ruine. Der Rest des spitzbogigen Eingangstors bildet eine romantische Kulisse für Sonnenuntergänge. Von diesem Punkt kann man auch das gefürchtete Felsriff Paternoster Rocks vor der Küste sehen, in weiterer Entfernung die anderen Kanalinseln, von links nach rechts Guernsey, Herm, Sark und (bei guter Sicht) Alderney.

Die Nordwestspitze der Insel, **Grosnez Point** `6` mit der automatischen Leuchtstation im Rücken, wendet man sich auf dem Klippenpfad jenseits der Burgruine am Parkplatz (Haltestelle der Buslinie 8, nur Mo–Sa) gen Osten.

Im Wandel der Gezeiten

In der Ferne ist schon der auffallend kahle Landvorsprung **Tête de Plémont** `7` (Plémont Point) zu sehen, dessen weniger massives Gestein von zahlreichen Höhlen durchlöchert ist. Es

Übrigens: Die stets von weiß schäumender Brandung umgebenen Paternoster Rocks (Pierres de Lecq) liegen 6 km vor der Küste. Die gefürchteten Felsenriffe erhielten ihren Namen nach dem Vaterunser, das die Seeleute hier, jeden Augenblick Schiffbruch befürchtend, der Überlieferung nach beteten. Einer anderen Legende zufolge hört man bei den Pierres de Lecq zwischen Sark und Jersey bei Sturm den ›Cri de la Mer‹ – Kinderweinen. 1566 sank dort das Schiff mit den ersten zehn Siedlerfamilien, die dem Seigneur von St Ouen, Hélier de Carteret, aus Jersey nach Sark gefolgt waren.

geht den dicht mit Farnkraut bewachsenen Hang hinab Richtung Plémont Bay.

Nur bei Ebbe lohnt der Abstieg in die wunderschöne **Plémont Bay** `8`. Sie liegt bei Flut unter Wasser, ein tiefes, nur für geübte Schwimmer geeignetes Badebecken. Das Baden ist je nach Wind und Wellengang nicht ganz ungefährlich. Auf der Ostseite der Bucht befinden sich mehrere Höhlen, auf der Westseite eine weitere Höhle und ein Wasserfall, der von der Klippe hinabstürzt. Aber Achtung, Steinschlaggefahr: Allzu dicht darf man nicht an die Klippen herangehen – immer wieder lösen sich Teile des hier sehr instabilen Gesteins. Von unten erkennt man beim Blick zurück die Silhouette von Grosnez, der Nordwestspitze von Jersey mit der vorgelagerten, abgeknickten Felsnase.

Höhlen der Schmugglerküste

Beim Weiterweg auf dem Klippenpfad Richtung Grève de Lecq geht es zweimal hintereinander mächtig auf und ab durch tiefe Taleinschnitte. Nach dem Aufstieg auf die Anhöhe sieht man dann erst einige der **Höhlen,** die man gerade überquert hat, doch die meisten sind nur von der Seeseite her zu erkennen – einst Schmugglerverstecke und heute unzugänglich. Vom Klippenpfad führt ein Abstecher auf den Vorsprung **Grand Becquet** 9, der durch dichtes Farnkraut erst allmählich, dann immer steiler abwärts verläuft. Die Kletterei wird durch eine herrliche Aussicht nach Osten bis Sorel Point und bis zur kahlen Tête de Plémont im Westen belohnt.

Grüne Täler und Wasserfälle

Ein drittes Mal geht es durch ein Tal, diesmal wird der Bach **Douet de la Mer,** der sich in einem kleinen Wasserfall ins Meer stürzt, auf einer Holzbrücke überquert. Durch ein baumbestandenes Tal folgt der Weg dem Bachlauf über Stufen aufwärts. Dann geht es vorbei an einer Farm und zwischen zwei Häusern hindurch ein Stück auf einer Asphaltstraße entlang und dann auf einem breiten Weg, bald mit Blick voraus auf die Bucht Grève de Lecq. Meerseits blickt man auf die **Paternoster Rocks** (Pierres de Lecq). Dahinter ist Sark erkennbar, bei guter Sicht auch Guernsey.

Badebucht mit Wachturm

Der Klippenpfad mündet auf eine Straße, die neben dem Prince of Wales Pub/Apartments die Bucht **Grève de Lecq** 10 erreicht, eine geschützte Bucht und die einzige im Norden, in der unabhängig von den Gezeiten Schwimmen möglich ist, mit viel Sand bei Ebbe. Ein zum Schutz vor einer Invasion der Franzosen errichteter **Martello-Turm** 11 steht mitten auf dem Parkplatz und weist auf die militärische Bedeutung der Küste hin. In den **Grève de Lecq Barracks** 12, 1810 gebaut und heute in der Hand des National Trust, ist ein Infozentrum zu Natur und Geschichte der Nordküste untergebracht (www.nationaltrustjersey.org.je, Mai–Sept. Mi–Sa 11–17, So 13–17 Uhr, Eintritt frei, Spende 2 £). Gemütlich einkehren kann man in der alten Wassermühle **Moulin de Lecq** 1. Führt der hier mündende Bach ausreichend Wasser, treibt er das große Rad der gemeindeeigenen Mühle an, deren Geschichte bis ins 12. Jh. zurückreicht.

Essen und Trinken

Im Mühlen-Pub **Moulin de Lecq** 1 sitzt man am Tresen unter dem alten Zahnrad. Grill-, Fisch- und Steakspezialitäten, Real Ale, Bar Food 5–10 £, Restaurant mit Tischen im schattigen Mühlengarten Hauptgerichte ca. 9–21 £ (Tel. 01534 48 28 18, www.moulindelecq.com). Der **Hummerbunker** 1 von Faulkner Fisheries in L'Etacq (Mo 8–13, Di–Sa 8–17 Uhr) verkauft gekochte Muscheln und Krabben zum Mitnehmen. Das **Plemont Beach Café** 2 serviert Frühstück bis 12 Uhr und herzhafte Lunchgerichte, nachmittags empfiehlt sich Jersey Cream Tea oder Kaffee und Kuchen (tgl. 9–17 Uhr, 5–15 £).

Hinweis für müde Wanderer

Man kann die Wanderung am Grosnez Point nach 3 km und in Plemont nach 5 km abbrechen und mit Bus 8 zurückfahren (Endhaltestelle am Parkplatz, nur Mo–Sa).

Ton in Ton: rosa Grasnelken und rötlicher Granit an Jerseys Nordküste bei L'Etacq

Schwimmen ist in der St Ouen's Bay wegen der starken Strömungen nicht ungefährlich. Auf keinen Fall darf man bei zurückgehender Flut hinausschwimmen.

malerisch aus dem Wasser. **La Rocco Tower** ist bei Ebbe nach einem 600 m langen Fußmarsch erreichbar (Tidenplan beachten!). Vom Parkplatz kann man zu Fuß entlang der Küste nach Süden gehen. Vor der Kulisse des La Rocco Tower und des Corbière-Leuchtturms lässt sich hier sehr schön der Sonnenuntergang betrachten. Oberhalb der kleinen Bucht Petit Port stößt man auf die spärlichen Reste des ältesten Ganggrabs auf Jersey, **La Sergenté** (um 3600 v. Chr.).

Les Mielles ▶ M 21–22

In der Dünenlandschaft von Les Mielles trifft man auf Menhire wie den restaurierten ›**Broken Menhir**‹ und ein Kistengrab, **The Ossuary.** Hier wachsen auch Sandkrokus und Bibernellrose, zwitschern Grasmücken und Lerchen. Nur durch den Einsatz engagierter Naturschützer konnte diese Landschaft unter Schutz gestellt werden und sich die typische Vegetation wieder ungestört entfalten. Besonders interessant ist der nördliche Teil mit **St Ouen's Pond,** dessen Schilfdickicht Wasservögeln Nistmöglichkeiten bietet. In den Sumpfwiesen wächst die heimische *Jersey Orchid.* Mehr darüber erfährt man im **Kempt Tower** (Anfang April–Okt. Do, So 14–17, Mai–Sept. Di–So 14–17 Uhr, Tel. 01534 48 36 51, Eintritt frei). Der Martello-Turm enthält ein Informationszentrum mit einer Ausstellung über Geologie, Flora und Fauna des Dünengebiets. Das Wachhäuschen etwa in der Mitte der Bucht, **La Caumine à Marie Best** (auch: Don Hilton) mit dem blendend weißen Anstrich, auch White Cottage genannt, dient der Seefahrt als Orientierungspunkt.

Channel Islands Military Museum
▶ M 21
La Grande Route des Mielles,
Tel. 07797 732072, April–Okt.
tgl. 10–17 Uhr, 4 £, Bus 12a
In einem ehemaligen deutschen Bunker hat ein Privatsammler seine Schätze ausgebreitet – als die deutsche Besatzungszeit zu Ende ging, hinterließen die Soldaten nicht nur Waffen, sondern auch allerhand Alltagsgegenstände, die man hier betrachten kann.

Battle of Flowers Museum
▶ M 21
La Robeline, Mont des Corvées,
Tel. 01534 48 24 08, Ostern–Okt.
Di–Fr, So 10–17 Uhr, 5 £, Bus 8
Die Besitzerin des kleinen Privatmuseums hat als Veteranin an unzähligen ›Blumenschlachten‹ teilgenommen, die jedes Jahr im August stattfinden, und ist auf die Herstellung von Trockenblumen-Figuren spezialisiert, die hier zu sehen sind. Eine der wichtigsten Zutaten ist das auch wild wachsende Hasenschwanzgras, dessen pinselähnliche Büschelähren, bunt eingefärbt, zehntausendfach zu großen Gebilden zusammengesteckt werden.

Übernachten

Für Selbstversorger – **Discovery Bay Beach Apartments:** La Grande Route des Mielles, St Ouen's Bay, Tel. 01534 48 42 22, www.discoverybayjersey.com. Großzügig eingerichtete moderne Apartments ab 2 Personen, auch Familienapartments, die Vista-Suite mit Aussicht vom eigenen Balkon über die Bucht. 448–1600 £/Woche.

Schlafen im Tipi – **Bleu Soleil Camping:** Leoville, St Ouen, Tel. 01534 48

10 07, www.bleusoleilcamping.com. 50 eingerichtete Zelte, Plätze für Caravans, Wohnmobile oder mitgebrachte Zelte, auch Caravan- und Tipi-Verleih. Zeltverleih je nach Größe und Zahl der Erwachsenen, z. B. 2 Erwachsene im Vierer-Zelt 209–420 £/Woche, Caravan-Verleih 300–700 £/Woche, Zelt-/Stellplatz je nach Zahl der Personen 14–37 £/Tag.

Essen und Trinken

Surfkult und starke Kost – **El Tico Beach Cantina:** St Ouen's Bay, Tel. 01534 48 20 09, www.elticojersey.com, 9.30–16, 17–20.30, So 9.30–16, 17–19 Uhr, um 15 £. Legendär ist das opulente Surfer-Breakfast. Spezialität des Hauses ist Tony's Surf'n'Turf: King Prawns, Jakobsmuscheln und Steak. Wartezeiten einkalkulieren.

Einkaufen

Schmuck – **Jersey Pearl:** www.world pearl.com, tgl. 9.30–17 Uhr. Interessante Perlenausstellung, verkauft werden Zuchtperlen und Schmuck aller Art.

Sport und Aktivitäten

St Ouen's Bay ist der Surfspot auf Jersey. Der zum Surfen sichere Bereich ist an der Mauer angezeigt.
Surfen – **Jersey Surf School:** The Surf Shack, Watersplash, La Grande Route des Mielles, Tel. 01534 48 40 05 und (mobil) 077 97 71 60 55, www.jersey surfschool.co.uk, April–Okt. tgl. 8–19 Uhr. Älteste Surfschule auf Jersey, Verleih von Ausrüstung, (z. B. Hardboard 10 £/Tag), Einzeltraining, Familienkurs; **La Neez Surf Centre:** www.laneez surfcentre.com (neben El Tico Beach Cantina). Verleih von Ausrüstung etc.
Golf und Spaß – **Les Mielles Golf & Country Club:** La Route de la Marette, St Ouen's Bay, Tel. 01534 48 59 84, www.lesmielles.net. Großer 18-Loch-Platz im Dünengelände. Nebenan **Les Mielles Fun Zone** mit Kinderspaß wie Bungee-Trampolin, Rutschen, Segway-Rallys etc. (April–Sept. tgl. ab 10 Uhr).

Verkehr

Bus: Nr. 12a über St Aubin bis l'Etacq, Nr. 8 nach Plémont über Grosnez.

St Ouen's Village ▶ N 21

Bus Nr. 8, 9, 26, rote und blaue Linie
Das pompöse Eingangsportal von **St Ouen's Manor,** einem der erhaltenen Herrensitze auf der Insel aus normannischer Zeit (privat, nicht zu besichtigen), liegt auf dem Weg ins Dorf St Ouen weit im Landesinnern. Der Südturm und die Kapelle stammen von 1480. **St Ouen's Parish Church** im pittoresken alten

Kleiner Garten ganz groß – zu Besuch bei Judith Querée

Was man aus einem kleinen Garten machen kann, zeigt Judith Querée ihren Besuchern. Im trockenen Gartenteil um das winzige, 400 Jahre alte Cottage und unterhalb davon, im Sumpfgarten zum schattigen Bachtal hin, wachsen auf knapp 1000 m² rund 1500 Pflanzenarten, darunter allein 50 Spezies Iris und 200 Clematis sowie neuseeländische Baumfarne, die für Exotik im Sumpfgarten sorgen. Zu jeder Jahreszeit blüht hier irgend etwas – üppige Natur auch auf den Blumenwiesen ringsum (Judith Querée, Le Chemin des Garennes ▶ N 21, Leoville, Tel. 01534 48 21 91, www.judithqueree.com, Mai–Sept. nach Vereinbarung, 6 £).

Dorfkern mit zahlreichen alten Häusern steht oberhalb der Sanddünen. Im Innern führt eine Treppe zum Turm, von wo die Bewohner früher nach gewinnbringenden gestrandeten Schiffen in der St Ouen's Bay Ausschau hielten.

St Peter ▶ N–O 21–22

Auch wenn das **St Peter's Valley** als eine der Hauptrouten auf der Insel unter Auto- und Busverkehr zu leiden hat, ist es eines der schönsten Täler auf Jersey. Durch idyllische, von Hecken und Mauern gesäumte Wiesen und Felder kommt man in das Ortszentrum **St Peter's Village.** Der Kirchturm der Gemeindekirche **St Peter's Church,** den wegen des nahen Flughafens eine rote Lampe krönt, ist mit 37 m der höchste der Kanalinseln.

Moulin de Quétivel ▶ O 22
Mai–Sept. Sa 10–16 Uhr, 2 £, Bus 26 (tgl.) und 8 (nur Mo–Sa)
Die vom National Trust restaurierte Wassermühle fügt sich malerisch in das grüne Tal. Ein Fußweg, der am Parkplatz beginnt, führt am Bach entlang 500 m zur Mühle, in der eine Ausstellung und ein Film zum Thema Mehl und Brotbacken gezeigt werden. An manchen Tagen wird hier noch Getreide gemahlen.

Essen und Trinken
Zünftiges Pub – **Victoria in the Valley:** St Peter's Valley, Tel. 01534 48 54 98, www.victoriainthevalley.co.uk, Pub tgl. 11–23, Restaurant Di–So 12–14.15 und Di–Sa 18–23 Uhr. Nettes Pub, wo es mittags und abends traditionelle, deftige englische Küche gibt, wie hausgemachte Würstchen oder Gammon Steak mit Spiegelei, 9,25–14,95 £, alle Hauptgerichte sind auch als halbe Portion zu haben.

Infos
Bus: Nr. 9 (Richtung Grève de Lecq).

St Clement ▶ Q–R 23

Samarès Manor ▶ Q 23
La Grande Route de St Clement, Tel. 01534 87 05 51, www.samaresmanor. com, Anfang April–Mitte Okt. tgl. 9.30–17 Uhr, Führungen Herrenhaus Mo–Sa 11.30 und 14.30 Uhr, 6,95 £, Bus 1a (tgl.), 18 (Mo–Sa), grüne Linie
Das Anwesen mit Herrenhaus, neben dem Hotel Longueville Manor einer der wenigen zugänglichen Feudalsitze der Insel, bietet Attraktionen für die ganze Familie. Ein typisches Kennzeichen normannischer Feudalsitze ist der runde **Taubenturm** (12. Jh.). Beim Blick ins Innere erkennt man die vielen Nischen; sie boten unzähligen Taubenpaaren Nistplätze: Die Jungvögel waren für die Küche des Seigneurs bestimmt. Führungen durch das Manor House (19. Jh.) werden angeboten.

Am schönsten aber sind die **Gärten:** In einem durch hohe Mauern vor Wind geschützten Kräutergarten gedeihen rund 150 verschiedene Kräuter. Sauber in Karrees angepflanzt findet man hier 15 Sorten Thymian genauso wie Zitronenlavendel. Es gibt ein Weidenlabyrinth, außerdem einen Japanischen Garten mit Goldkarpfenteich und den Rock Garden, Felsengarten – ein Farbenmeer nicht nur zur Rhododendronblüte von April bis Juni.

St Clement's Bay ▶ Q–R 23–24
Bus Nr. 1
Östlich der Landspitze mit dem vorgelagerten Inselchen **Green Island** (auch: La Motte; nur bei Ebbe erreichbar) öffnet sich 3 km weit die St Clement's Bay. Sie ist bei Ebbe mit Felsen und Riffen übersät, so weit das Auge

Moonwalking in der Wasserwüste

So ähnlich muss es auf dem Mond aussehen – wer bei Ebbe in die **St Clement's Bay** hinausgeht, kann sich leicht im Felsenchaos verirren und nur allzu schnell den Strand aus den Augen verlieren. Kein Problem mit ortskundigen Führern, die Wanderungen anbieten, bis hinaus zum **Seymour Tower** ► R 24, ein eckiger Jersey-Martello-Turm. Er entstand 1782, ein Jahr, nachdem tatsächlich französische Invasoren am **Platte Rocque Point** ► R 23 gelandet waren. Das französische Überfallkommando kam bis St Helier, wo eine blutige Schlacht, The Battle of Jersey, stattfand (s. S. 40). Vor allem ist die Flachwasserzone ein marines Schutzgebiet (Ramsar Site), ein einzigartiger Lebensraum für spezialisierte Tiere und Pflanzen.

reicht. Bei Flut sind sie fast vollständig verschwunden – nicht nur dann ein tückisches Areal (s. Kasten oben).

St Clement's Church ► Q 23

Bus Nr. 1a, Rundlinie 26, grüne Linie
Wie die anderen Gemeindekirchen auf Jersey geht auch diese auf das 11. Jh. zurück, der heutige Bau stammt aus dem 15. Jh. Erst Ende des 19. Jh. entdeckte man unter der Putzschicht gut erhaltene Fresken. Sie zeigen den Erzengel Michael mit dem Drachen sowie die Heiligen Margareta und Barbara.

Übernachten

Feudales Hotel – **Longueville Manor Hotel:** Longueville Road, St Saviour, Tel. 01534 72 55 01, www.longueville manor.com. Das stilvolle Hotel in einem umgebauten Herrenhaus aus dem 13. Jh. ist eine der feinsten Adressen zum Übernachten auf Jersey, perfekter, dennoch persönlicher Service. DZ 290–630 £, Cottage-Suite 840–1050 £.
Ländlich für Selbstversorger – **Samarès Manor:** Samarès Manor, St Clement, Tel. 01534 87 05 51, www.sama resmanor.com. Drei Ferienwohnungen und drei Cottages für 3–8 Erw. plus 1–2 Kinder wurden in der Remise und anderen Nebengebäuden des Gutes eingerichtet, 650–1720 £/Woche.

Essen und Trinken

Gediegen und nobel – **Longueville Manor Restaurant:** s. Hotels. Erstklassige Küche französischer Prägung, Lunchmenü 20 £ (2 Gänge), 25 £ (3 Gänge), abends bis 55 £.
Klein und fein – **Green Island Restaurant:** Green Island, St Clement, Tel. 01534 85 77 87, http://greenisland.je. Reservierung empfehlenswert: In dem winzigen Beach Café mit Meerblick wird erstklassige Fusion-Küche geboten, viel Meeresfrüchte und Fisch, Hauptgerichte 16,50–26 £.

Grouville ► R–S 22

Wo sich die Straße A 4 von der Küste und der **Royal Bay of Grouville** entfernt, passiert sie den Golfplatz des **Royal Jersey Golf Club,** der sich nicht umsonst mit dem Zusatz ›royal‹ schmücken darf, ist er doch der angesehenste der Insel. Die bronzene Statue eines Golfspielers am Straßenrand erinnert an Harry Vardon (1870–1937). Der legendäre Golf Champion aus Jersey kreierte einen ganz speziellen Griff, der Golfgeschichte machte.

La Hougue Bie ► Q 22

direkt 5 ► S. 58   ▷ S. 60

5 | Exkursion in die Vorzeit – La Hougue Bie

Karte: ▶ Q 22 | **Anfahrt:** Bus Nr. 3a, 26

Es ist das größte Steinzeitgrab der Kanalinseln: La Hougue Bie hat es wahrhaft ›in sich‹. Zwar waren Grabräuber den Archäologen zuvorgekommen, die 1924 die Untersuchung begannen, doch geht man davon aus, dass das mehr als 5000 Jahre alte Grab eine der zentralen Kultstätten der Vorzeit war.

Überall auf den Kanalinseln stolpert man förmlich über die Megalith-(Groß-stein-)Bauten einer viele tausend Jahre alten und noch immer rätselhaften Zivilisation. Große, aufrecht stehende Monolithen – ›Hinkelsteine‹ – und Dolmen, ursprünglich von Erdhügeln bedeckte Anlagen aus aufrecht stehenden Steinen mit Deckplatten, stehen auf Anhöhen oder an den Klippen.

Unzählige Megalithbauten wurden im Lauf der Zeit zerstört, von Bauern, die sie von ihren Feldern räumten, von unwissenden Bauherren, welche die großen Steine als Baumaterial verwendeten, und von christlichen Eiferern wider die heidnischen ›Druidentempel‹. In so manche Kirche ist ein Hinkelstein integriert. Auf Jersey sind von den ursprünglich über 60 noch 15 Großsteingräber erhalten.

Rätselhafte atlantische Kultur
Die Megalithbauten geben auch heute noch viele Rätsel auf; jeder neue Fund kann die gerade etablierte Chronologie wieder umwerfen. Im 19. Jh. sah man in den Dolmen noch Druidentempel, der Aberglaube machte sie zu Feentanzplätzen, und bis vor einigen Jahrzehnten nahm man noch an, die Megalithkultur stamme aus dem Mittelmeerraum. Heute weiß man, dass die Kultur eine eigenständige Entwicklung im Nordwesten von Europa war, die von der Atlantikküste der Iberischen Halbinsel bis nach Skandinavien Spuren hin-

terließ. Über die Bedeutung der Bauten – ob sie astrologische Funktionen erfüllten, einem Kult oder schlicht der Beisetzung der Toten dienten – darüber gibt es viele Theorien.

Unterschiedliche Grabformen

Nur gebückt ist es möglich, durch den **Eingang des neolithischen Ganggrabs** 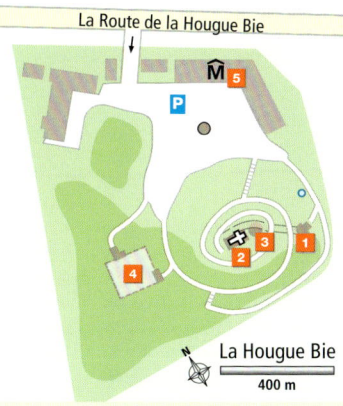 La Hougue Bie ins Halbdunkel zu gelangen, ein faszinierendes Erlebnis. Von der Hauptkammer zweigen mehrere Nebenkammern ab – etwa 70 Megalithen wurden in dem mit über 20 m längsten Steinzeitgrab der Insel verbaut. Wie das vor über 5000 Jahren gelang, ist noch immer ein Rätsel.

Im Lauf der Steinzeit wurden unterschiedliche Formen von Dolmen gebaut. Die älteste Form, das Ganggrab, besteht aus einem langen Gang, an dessen Ende man die Grabkammer findet, wie das um 3600 v. Chr. entstandene La Sergenté (s. S. 54). Das Galeriegrab mit mehreren Seitenkammern entlang des verbreiterten Gangs kam um 3500 v. Chr. auf – das größte und schönste Beispiel dieses Typs ist La Hougue Bie; auch Le Déhus auf Guernsey (s. S. 98) gehört in diese Kategorie. Eine jüngere Entwicklung sind Kistengräber, von einer konzentrisch angelegten Steinreihe umrundete Steinkisten, die seit 2000 v. Chr. nachweisbar sind.

Christlicher ›Überbau‹ und deutsche Besatzung

Auf dem Hügel über dem heidnischen Kultort wurden ab dem Mittelalter zwei Kapellen, **Notre Dame de la Clarté** (12. Jh.) und die später angebaute

Jerusalem Chapel, errichtet. Der Altar mit fünf eingeritzten Kreuzen in der Kapelle wurde 1931 von Mont Orgueil Castle hierher gebracht. Deckengemälde an der Ostseite aus dem 16. Jh. zeigen Erzengel mit Schriftbändern in den Händen. In der winzigen Krypta soll der Inseldekan Mabon im 16. Jh. Wunder vollführt haben, um Pilger anzulocken. Auch die deutschen Besatzer verewigten sich auf dem Gelände mit einem unterirdischen **Kommandobunker (Communications Bunker)** – so präsentiert sich ein Querschnitt der Geschichte von Jersey von der Steinzeit bis in das 20. Jh.

Noch mehr Steine …

Ein Film (auch in deutscher Sprache) informiert über die Anlage. Außerdem wurde ein **Museum** zur Geologie und frühen Geschichte von Jersey eingerichtet, in dem archäologische Funde ausgestellt sind, darunter eine Jadeaxt.

Infos
La Hougue Bie: La Route de la Hougue Bie, Grouville, www.jerseyheritage.org, April–Okt. tgl. 10–17 Uhr (letzter Einlass 16 Uhr), 7 £. Noch mehr Vorzeitkultstätten und genaue Wegbeschreibungen zu ihnen gibt's im **Internet:** www.prehistoricjersey.net.

Der **Faldouet-Dolmen** ▶ R 22 liegt südlich der Rue des Marettes am Ende eines von Hecken gesäumten Stichwegs (von Gorey aus über Treppen den landseitigen Hügel hinauf, dann rechts weiter ins Landesinnere). Das 15 m lange, ursprünglich von einem Erdhügel verborgene Ganggrab ist gut 5000 Jahre alt.

Gorey ▶ R 22

Bus Nr. 1, 1a, 1b, blaue Linie
Gorey Harbour mit den pastellfarbenen Häusern am Kai ist Jerseys zweiter Hafen, besonders wichtig für den Verkehr nach Frankreich – noch heute verkehren gelegentlich Fähren nach Carteret in der Normandie (s. S. 18).

Jersey Pottery ▶ R 22

Gorey Village, www.jerseypottery.com, Mo–Sa 9–17.30, So 10–17.30 Uhr, Eintritt frei, Bus 1, 1a, 1b, grüne Linie
Geschmackvolle, zum großen Teil handgetöpferte Keramikwaren werden hier produziert und verkauft. Man kann beim Töpfern und Bemalen der Stücke zusehen und ein kleines Museum informiert über den Beginn des Töpferhandwerks auf der Insel. Im Restaurant Spinnaker's lässt sich gut zum Mittagessen einkehren – man sitzt schön im lauschigen Innenhof.

Mont Orgueil Castle ▶ R 22

direkt 6 ▶ S. 61

Übernachten

Luxuscamping – **Beuvelande Camp Site:** La Rue de Beuvelande, St Martin, Tel. 01534 85 35 75, www.campingjersey.com. Beim ›Glamping‹ *(glamour camping)* erspart man sich die Unbequemlichkeiten – alles ist vorbereitet, fast wie im Hotel. Übernachten im eingerichteten Zelt 13–18 £/Person.

Essen und Trinken

Seafood günstig – **Restaurant Spinnaker's:** Jersey Pottery, Gorey Village, Grouville, Tel. 01534 85 08 31. Das Selbstbedienungsrestaurant ist die erste Adresse für frischen Fisch und Meeresfrüchte im Ort, auch preiswerte Klassiker wie Pasta, Burger, Wraps, 7–27 £.

Mediterran – **Suma's:** Gorey Hill (Küstenstraße), Tel. 01534 85 32 91, www.sumasrestaurant.com, Mo–Sa Lunch und Dinner, So 12.30–14.30 Uhr. Modern-britische, mediterran angehauchte Küche, die Bandbreite der Hauptgerichte reicht von Vegetarischem wie Halloumi mit Bulgur (13,50 £) bis Hummer (28 £).

Gastropub – **Castle Green:** La Route de la Cote (gegenüber dem Eingang zu Gorey Castle, auf halber Höhe), Tel. 01534 84 02 18, www.castlegreenjersey.co.uk, Mo geschl. Ansprechend gestyltes Pub mit breiter Cocktail-Palette, junges Publikum, herrlicher Burg- und-Bucht-Blick. Zu essen gibt es Gutes, mit Anleihen bei allen Küchen der Welt, 10–16,50 £.

Skandinavisch gut – **Ingalill's:** 15 Gorey Pier, Tel. 01534 84 06 78, www.ingalills.com, Lunch im Sommer tgl. 12–16, sonst 12–21 Uhr. In dem von einer Schwedin geführten Lokal sitzt man auf der luftigen Terrasse bei Toast Skagen oder dreierlei Hering – andere schwedische Klassiker wie Köttbullar (klein 5,95 £, groß 10,95 £), aber auch Moules marinières (5,95/9,95 £).

Sport und Aktivitäten

Exklusiv golfen – **Royal Jersey Golf Club:** Le Chemin au Grèves, Tel. 01534 85 44 16, www.royaljersey.com. Renommierter 18-Loch-Platz in den Dünen mit Blick auf Gorey Castle.

Wassersport – **Gorey Watersports Centre:** Longbeach, Grouville, Tel. 077 97 81 65 28, www. gorey ▷ S. 64

6 | Eine stolze Burg – Mont Orgueil Castle

Karte: ▶ R 22 | **Anfahrt:** Bus Nr. 1, 1a, 1b und blaue Linie

Mont Orgueil Castle ist nicht irgendeine mittelalterliche Burg – das spannende Labyrinth, das heutige Besucher so fasziniert, ist das Ergebnis von 800 Jahren Baugeschichte. Das ausgeklügelte Verteidigungssystem hinter den meterdicken Mauerringen erstaunt selbst Festungskenner.

Das Mittelalter war nicht grau, sondern bunt, und die Burgen außen meist weiß angestrichen. Der beeindruckende Anblick der Festung veranlasste Thomas, Herzog von Clarence, Bruder des englischen Königs Henry V. (1387–1422), zum Ausruf »Mont Orgueil« – »Berg Stolz« oder, frei übersetzt, »Stolzenfels« – und gab der Burg ihren Namen, so die Legende. Doch ist Gorey Castle ein Ort mit vielen Namen: Im Garten, der auf dem Gelände des Outer Ward angelegt wurde, sind sie auf großen Findlingen mit den Daten eingemeißelt.

Opfer neuer Technologie

Auch wenn Mont Orgueil aussieht wie eine typische mittelalterliche Burg – über die Jahrhunderte hat jede Epoche ihre Spuren hinterlassen und entsprechend kompliziert ist die Baugeschichte der Festung. Es wurde abgerissen und angebaut, renoviert und restauriert, zuletzt, im frühen 21. Jh., fanden umfangreiche archäologische Ausgrabungen statt, die viel Licht ins Dunkel brachten: Schon in der Jungsteinzeit siedelten Menschen hier, und in der Eisenzeit befand sich bereits eine Befestigung auf dem schroffen Granitsporn, der sich weit in die Bucht von Grouville hinausschiebt und auf der Ostseite steile 45 m tief abfällt. Das schwierige Terrain und die Erosion – immer wieder gibt es Felsstürze – waren den Bauherrn ein nicht zu hoher Preis für die strategische Lage mit Überblick über die Bucht von Grouville und das Panorama der französischen Küste samt vorgelagerten Chau-

Übrigens: Nicht nur der Zahn der Zeit, auch misslungene Restaurierungen des 20. Jh. haben der Burg zugesetzt. So musste Zementputz entfernt und durch diffusionsoffenen Kalkputz ersetzt werden, damit die Mauern wieder ›atmen‹ können und die durch modernen Putz verursachten Feuchtigkeitsschäden künftig ausbleiben.

sey-Inseln – hier hatte man den Feind gut im Blick. Im Hundertjährigen Krieg galt Mont Orgueil als uneinnehmbar; der berühmte französische Feldherr Bertrand du Guesclin belagerte 1373 die konzentrisch um den zentralen Donjon angelegte Burg – vergebens.

Doch dann brachte der Wandel in der Kriegstechnik, der Wechsel von der Armbrust zur Kanone, Mont Orgueil in Schwierigkeiten. Gegen vom benachbarten Hügel Mont Nicolas abgefeuerte Kanonenkugeln boten seine dicken Mauern keinen Schutz mehr. Umbauten und Verstärkungen der Mauerringe halfen da wenig. Mit dem Bau von Elizabeth Castle (s. S. 39) auf der Südseite der Insel Ende des 16. Jh. war die Rolle von Gorey Castle als wichtigste Festung der Insel schließlich ausgespielt.

Fortan diente die Burg als Gefängnis. Jersey stand aufseiten des Königs, Anhänger der Parlamentstruppen saßen hier gefangen. Zu den bekanntesten politischen Häftlingen zählte der Königsgegner William Prynne. Als Strafe für die angebliche Verleumdung des Königs hatte man ihm die Buchstaben ›SL‹ (seditious libeller – aufrührerischer Verleumder) in die Wange gebrannt.

Tore, Tore, Tore

Ein möglicher Zugang zur Burg führt über steile Treppen vom Ende des Kais hinauf. Doch heute wie früher betritt man die Burg ›offiziell‹ vom Castle

Green über die Zugbrücke durch das erste Tor, **First Gate**. Flankiert wird es von der mächtigen Bastion des **Harliston Tower** 1, der im späten 15. Jh. im Zuge der Umrüstung auf Kanonen gebaut wurde, benannt nach dem ersten Governor Jerseys und Vizeadmiral der englischen Flotte Richard Harliston. Die Zufahrt ist bereits durch eine Mauer geschützt gegen den **Outer Ward** 2, heute eine Gartenanlage. Bevor man das zweite Tor durchqueren kann, muss man ein Ticket lösen und die eigentliche Burgbesichtigung kann beginnen.

Vorhöfe der Macht

Man gelangt in den geräumigen Lower Ward, geeignet als Exerzierplatz, Parade-Ground, und flankiert von Gartenterrassen. Breite Treppen führen zum **Carteret Gate** 3 (Tor Nummer drei) und dahinter zu dem nach Originalplänen von 1688 mit Rosen, Lavendel und etwas Gemüse im symmetrischen Renaissancestil angelegten **De Carteret Garden** 4. Man passiert nun das **Iron Gate** 5, so benannt nach den eisernen Beschlägen (auch Queen Elizabeth Gate), und landet im **Middle Ward** 6, wo die Ruinen der Tudor Chapel, die sich hier befunden haben muss, kaum auszumachen sind. An die Nutzung der Burg als Gefängnis erinnert der **Prison Tower** 7.

Im Herzen der Festung

In der Tudorzeit wurde ein völlig neuer **Keep,** innerer Burgbereich, errichtet. Das Material für die umfangreichen Baumaßnahmen stammte zum Teil aus abgerissenen Klöstern, die unter Heinrich VIII. enteignet worden waren – so kam das Blei für die Dächer aus Somerset von Glastonbury Abbey. Über große Treppen passiert man den imposanten **Somerset Tower** 8 oberhalb und gegenüber das **Well House** 9. Jede

Burg war angewiesen auf eine gesicherte Wasserquelle, um Belagerungen standhalten zu können. Der Brunnen *(well)* war ursprünglich offen, wurde aber überbaut, als die Grand Battery hinzukam.

Der Aufstieg auf die im 16. Jh. gebaute **Grand Battery** 🔟 lohnt sich. Hier flattert die Inselflagge und man hat den gegenüberliegenden Mont Nicolas im Blick, der nach dem Zeitalter der Bogenschützen und der Umrüstung auf Artillerie das größte Problem von Gorey Castle darstellte. Die Mauern der Bastion sind in einem speziellen Winkel angelegt, sodass Kanonenkugeln abprallen mussten.

Besonders interessant: Die mit Pechnasen bestückte **Cornish Bastion** 11 von 1547 ist für drei verschiedene Waffentypen ausgelegt, die drei Arten von Öffnungen eignen sich für Handwaffen wie auch für zwei Typen von Kanonen.

Fernblick von der Dachterrasse

Noch weiter hinauf geht es auf das Dach der Anfang des 21. Jh. grundlegend restaurierten Tudor Great Hall. Von hier oben reicht der Blick über die gesamte Bucht, wovon auch drei Beobachtungstürme (Watch Towers) profitieren – einer davon achteckig – die noch in den 1940er-Jahren von den deutschen Besatzern mit Beton aufgestockt und als Ausguck genutzt wurden.

Die in der Tudorzeit Mitte des 16. Jh. errichtete, vierstöckige Wohnanlage betritt man durch das Tor **Mount Gate** 12. Es fällt durch den feinen grauen Granitbogen auf; das Material stammt von den nahen Chausey-Inseln. In der **Tudor Great Hall** 13 residierte der Governor, der wichtigste Mann auf der Insel, hier hielt er offizielle Empfänge ab. Heute finden in den umliegenden Räumen Wechselausstellungen lokaler Künstler zu burgenspezifischen oder ›Royal‹-Themen statt.

> **Übrigens:** Verlaufen kann man sich in Gorey Castle kaum, ist man einmal ganz oben. Um den Ausgang aus dem Burgenlabyrinth zu finden, gehe man einfach immer nur abwärts.

Infos

Mont Orgueil Castle: www.jersey heritage.org, Anfang April–Ende Okt. tgl. 10–18 Uhr (letzter Einlass 17 Uhr), im Winter ab 10 Uhr bis zur Dämmerung, Erw. 10 £, Familie (4 Pers.) 29 £.

Kunst am Bau

Im Middle Ward fällt eine gut gerüstete metallene Reiterstatue ins Auge und lässt Ritterromantik aufkommen. An anderer Stelle beeindruckt die 5 m hohe Holzfigur **Wounded Man** und führt jedem deutlich vor Augen, welche Risiken der Krieg mit sich bringt – zwei der vielen Skulpturen zeitgenössischer lokaler Künstler im Castle.

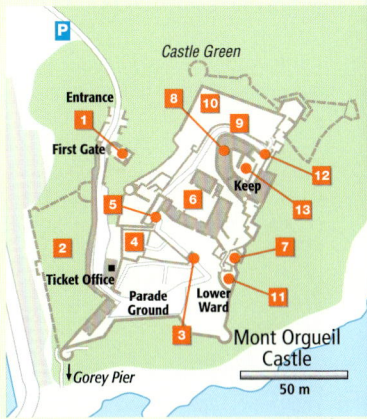

watersports.com. Wasserski, Banana boat- und Motorboot-Fahrten (geöffnet Juli/Aug.).

St Catherine's Bay

▶ R–S 21–22

Der 1794 gebaute, auffällig rot-weiß gestrichene **Archirondel Tower** ist wie La Rocco Tower vor St Ouen's Bay einer der letzten inseltypischen Martello-Türme von Jersey. Er bewacht die weite St Catherine's Bay. Zu Beginn der viktorianischen Zeit sollte hier ein großer Militärhafen entstehen, als Antwort auf den Ausbau des französischen Marinestützpunkts Cherbourg. Die Écréhous-Inseln und die normannische Küste scheinen hier zum Greifen nah. Nach Jahrzehnten reger Bautätigkeit gab man den Plan schließlich auf. Übrig blieb die 1855 fertiggestellte, über 1 km lange Mole **St Catherine's Breakwater** ▶ R–S 21 mit Leuchtturm, die zum Angeln wie zum Beobachten von Vögeln beliebt ist.

Essen und Trinken

Strandcafé – **Driftwood Café:** Südseite Archirondel Tower, tgl. 9.30–17.30 Uhr. Ideal als Zuflucht bei einem plötzlichen Schauer oder auf eine Tasse Tee und Kuchen oder Sandwich. 5–10 £.

An der Mole – **Breakwater Café:** St Catherine's Pier, 8–17 Uhr, So und Mo abend geschl. Kräftige Kost, die Anglern und Wanderern schmeckt. 5–10 £.

Infos

Bus: Nr. 1b (bis St Catherine's Bay).

In der Umgebung

Jeffrey's Leap ▶ R/S 22

Südlich der Anne Port Bay ragt das Felsmassiv Jeffrey's Leap (Saut Goffroy) ins Meer. Der Name ›Gottfrieds Sprung‹ erinnert an mittelalterliche Gottesurteile. Zum Tode Verurteilte mussten in die Tiefe springen, wer überlebte, war frei. Der Legende nach überstand Goffroy den Sprung unbeschadet, doch er beging den Fehler, es ein zweites Mal zu versuchen, was er nicht überlebte.

Jersey Cows sind eigentlich immer neugierig

Der Norden

St Martin ▶ R 21

Bus Nr. 3 (auch Rozel), 23, grüne Linie

Die schon 1042 erwähnte **St Martin's Parish Church** zählt zu den ältesten der Insel. Keimzelle des Gotteshauses war eine Kapelle, der heutige Chor. Auffällig sind die dicken Stützmauern an den Außenseiten, die aus dem 16. und 18. Jh. stammen. Details, etwa die Dämonen-Wasserspeier über dem Eingang oder Gesichtsreliefs auf der Süd- und auf der Westseite (über dem Sakristeifenster) stammen noch aus der Zeit vor der Reformation. Mehrmals schlug der Blitz in den Kirchturm ein, der zuletzt – mit Blitzableiter – 1837 erneuert wurde.

Pub im Dorf – **The Royal St Martin:** Grande Route de Faldouet, St Martin, gegenüber der Kirche, Tel. 01534 85 62 89. Familiäres Village-Pub mit Kaminfeuern, gutem Angebot an Biersorten und kräftiger Küche, T-Bone-Steak vom Holzkohlengrill 12 £, Spareribs ab 8 £.

Rozel ▶ R 21

Vom winzigen Hafen kann man schöne Klippenwanderungen unternehmen (**direkt 7** ▶ S. 66). Zum Vorzeitgrab **Le Couperon de Rozel** folgt man der Straße aus der Bucht etwa 900 m in östlicher Richtung. Bevor die Straße auf der Höhe eine Rechtskurve macht, zweigt links ein Fußpfad ab, der nach Durchqueren eines idyllischen Tals nahe der Klippenkante das malerisch gelegene Galeriegrab erreicht. Man nimmt an, dass es ursprünglich einmal noch länger war, 18 Steine sind erhalten.

Romantisches Hotel – **Château La Chaire Hotel:** Rozel Bay, Tel. 01534 86 33 54, www.chateau-la-chaire. co.uk. Stilvolle Unterkunft in einem edwardianischen Landhaus. Das Haus ist absolut sehenswert, mit Porträts im Flur und Stuck im *Drawing room*, knarzenden Holzböden. Schöner, leicht verwahrloster Garten, DZ incl. Cream Tea 95–180 £. Erschwingliche Dinner-Preise (15–20 £).

Camping – **Rozel Camping Park:** La Grande Route de Rozel, St Martin, Tel. 01534 85 52 00, www.rozelcamping. co.uk, Mitte Mai–Sept., 1 km oberhalb Rozel Bay im Landesinnern gelegen, eigenes Zelt möglich. Man kann aber auch komplett eingerichtete Zelte mieten, außerdem Campingwagen und -busse, Zeltplatz 8,60–9 £/Erw., Zeltmiete 275–387 £/Woche 2 Pers.

Crabbé Bay ▶ N 20

Der Klippenpfad von Devil's Hole oder Grève de Lecq führt zur Crabbé Bay. Vom Land durch einen schmalen, aber tiefen Spalt getrennt ist die **Ile Agois,** auf der das Meer einen natürlichen Steinbogen ausgewaschen hat. Überhängendes Gestein ruht spektakulär auf schmalen Felssäulen. Auf der Insel Agois fand man prähistorische Siedlungsspuren und Reste einer mittelalterlichen Mönchsklause.

Devil's Hole ▶ O 20

Bus Nr. 27

Das ›Teufelsloch‹ ist ein Felsdurchbruch, in dem das Wasser gurgelt; bei Ebbe liegt er trocken, bei Flut ist er mit Wasser gefüllt. Als Zeitpunkt für die Besichtigung sollte man deshalb halbe Flut wählen – dann ist die Wirkung des ein- und ausströmenden Wassers am eindrucksvollsten. Das Klippenpanorama, das sich hier bietet, ist faszinierend. Zahlreiche Höhlen und Schluchten öffnen sich auf der anderen Seite der Bucht **Les Reuses.** Auf dem Weg vom Pub The Priory Inn hügelabwärts erkennt man in einem Teich eine Teufelsfigur. Ihre Geschichte: Im Jahr 1851 strandete der französische   ▷ S. 69

Karte: ▶ P 20–R 21 | **Länge:** 11 km | **Anfahrt:** von St Helier Bus Nr. 4 (Mo–Sa) nach Bouley Bay und Bonne Nuit Bay, von/nach Rozel Nr. 3 (tgl.)

Über Stock und Stein, teils auf Treppenstufen windet sich der Pfad auf und ab, teils durch Stechginstergebüsch, teils durch Eichenwald, dessen verkrümmt wachsende Bäume ein dichtes Laubdach bilden. Verschnaufpausen auf der Höhe kann man nutzen für den Blick hinab in schöne Buchten und hinaus zu weit draußen vor der rauen Nordküste liegenden Felsriffen.

Ein Fort an jeder Ecke
Nur wenige Häuser verstecken sich in der von steilen Klippen gerahmten **Bonne Nuit Bay 1**. Von der Endhaltestelle folgt man der Straße ein Stück in Richtung Osten und biegt dann links auf den *cliff path* Richtung Giffard und Bouley Bay. Links liegen lässt man den Landvorsprung **La Crête 2** mit dem gleichnamigen Fort von 1835, das dem Lieutenant Governor, dem Vertreter der englischen Krone auf Jersey als Landsitz

diente. Heute kann man es als luxuriöses Feriendomizil mieten (s. S. 15).

Hoch hinaus
Dahinter öffnet sich die **Giffard Bay 3** und ragt die Landspitze **Belle Hougue Point 4** ins Meer. Der Pfad auf halber Klippenhöhe gehört zu den schönsten Panoramawegen der Nordküste, mit herrlichen Aussichten nahe dem höchsten Punkt der Insel bei **Les Platons 5** (138 m). Dann geht es abwärts in ein tiefes, bewaldetes Tal, wo ein Denkmal an die Landung eines britischen Bootes 1944 in der Bucht **Petit Port 6** erinnert. Die geglückte Aktion

Übrigens: Um den Felsen Le Cheval Guillaume (auch: Le Cheval Roc), der mitten in der Bouley Bay aufragt, rankt sich eine Legende. Das zu Stein erstarrte ›Pferd‹ *(cheval)* soll ein Wassergeist verzaubert haben …

blieb von den deutschen Besatzern unentdeckt und verhalf den Briten zu Informationen über die Lage auf der Insel. Vorbei an dem Wachhaus Wolf's Lair (›Wolfsbau‹) geht es talaufwärts und dann links, durch Wald aus dem Tal wieder auf die kahle Höhe von Vicard Point.

Der Hund von Bouley Bay

Ein weiteres Wachhaus liegt am Weg, dann geht es abwärts in die **Bouley Bay** 7 . An die Legende vom Schwarzen Hund erinnert der Name des Black Dog Inn, das zum Water's Edge Hotel gehört. Der Strand fällt steil ab in die Tiefe und ist heute eher Treffpunkt für Sporttaucher als für Schmuggler. In früheren Zeiten schätzten Schmuggler die einsame Bouley Bay und die Höhlen rundum. Die Legende vom großen schwarzen Hund mit den glühenden Augen, Le Tchan de Bouôlé, kam ihnen gerade recht, um ungestört ihren Geschäften nachzugehen. Dieses Untier durchstreife nachts die Klippenhänge, so hieß es damals.

Die letzten knapp 4 km Klippenpfad bis Rozel beginnen neben dem Water's Edge Hotel mit einem Aufstieg durch Farnkraut und dem Blick hinunter auf die bei Ebbe erreichbare Insel in der Bucht, L'Islet. Wirft man von der Höhe einen Blick zurück, überschaut man die Bucht, die flankiert wird von zwei Befestigungen. Eine davon ist **Leicester Battery** 8 von 1745 mit der kleinen Hafenmole im Westen, die andere Fort Leicester, das zu komfortablen Ferienapartments umgebaut wurde (s. S. 15). Bouley Bay besitzt zwar das tiefste und klarste Wasser auf Jersey, ein großer Hafen konnte sich wegen der ungünstigen Topografie dennoch nicht entwickeln – die Serpentinenstraße am Bouley Bay Hill wurde erst im 19. Jh. gebaut. Im Osten, auf einem Landvorsprung voraus, ist bald die malerisch gelegene **Etacquerel Battery** 9 von 1786 sichtbar.

Talauf, talab

Aber nun geht es zuerst über Stock und Stein, teils auf Treppenstufen und durch Stechginstergebüsch, noch zweimal talab, talauf durch Eichenwald und vorbei an einem zu **Etacquerel Fort** 10

Unterwegs auf dem Küstenpfad nahe Bouley Bay

67

Was alles in eine kleine, enge Bucht passt, ist erstaunlich: Rozel Harbour

gehörenden Pulvermagazin. Der Blick zurück geht zur Bouley Bay mit dem Water's Edge Hotel und der Mole.

Winziger Hafen: Rozel

Dann ist der Parkplatz an der Landspitze **Tour de Rozel** 11 erreicht, der nordöstlichste Punkt der Insel. Von dort ist es noch ein knapper Kilometer auf Feldwegen und Asphaltstraße bis in die Rozel Bay. Der kleine Fischerort **Rozel** 12 schmiegt sich in eine winzige Bucht, bei Ebbe liegen die Boote auf dem Sand. Abgeleitet ist der Name von französisch *roseau* (Schilf).

Beim Bummel auf der kurzen Mole kann man sich mit Blick auf Fischerboote und Jachten stärken – an der Bude, im Tea Room, im Garten des **Chateau La Chaire** 2 oder an der Theke des Pubs **Rozel Bar and Restaurant** 3 gegenüber der Bushaltestelle.

Rennstrecke Bouley Bay

Die serpentinenreiche Straße hinab in die Bouley Bay dient Motorsportlern zu bestimmten Terminen (meist Mitte Juli) auch als offizielle Rennstrecke.

Essen und Trinken

Das **Black Dog Inn** 1 im Water's Edge Hotel ist mit seinen unverputzten Granitsteinwänden und den Plüschbänken urgemütlich. In eleganterem Rahmen speist man im Hotelrestaurant (Gerichte ca. 8–16 £). Oberhalb Rozel lädt der Garten des **Chateau La Chaire Hotel** 2 zum Cream Tea (4,50 £). **Rozel Bar and Restaurant** 3 ist ein richtiges *local,* wo die Einheimischen einkehren. Gute Küche mit Fisch und lokalen Produkten wie *pork sausages*, aber auch Anleihen bei der Weltküche wie Chicken Satay u. Ä., Hauptgerichte 9,50–14,50 £ (www.rozelbarandrestaurant.co.uk). Die Bude **Hungry Man** 4 am Hafen sorgt seit über 40 Jahren dafür, dass man Rozel nicht hungrig verlassen muss: Burger, Fish'n'Chips, Krabben-Sandwiches und *bacon rolls,* dazu heißer Tee oder kühles Getränk (Sommer tgl. 9.30–17.30, Winter 10–14 Uhr, 8–10 £).

Segler La Josephine vor den Felsen mit der damals Creux de Vis genannten Höhle. Die meisten Schiffbrüchigen wurden gerettet, die Galionsfigur des Wracks aber war vom Meer in die Höhle geschleudert worden. Mit Dreizack, Hörnern und Schwanz ausstaffiert wurde sie zur Attraktion; die heutige Teufelsgestalt im Teich ist eine Kopie.

La Mare Vine Estate ▶ O 20

St Mary, www.lamarewineestate.com, Ende April–Mitte Okt. Mo–Sa 10–17 Uhr, Eintritt zum Laden frei, Führung mit Weinprobe 8,25 £, Bus Nr. 27 und rote Linie

Im milden Klima von Jersey wird sogar Wein angebaut und mit Hilfe modernster Technik gekeltert. Eine Ausstellung in dem Weingut La Mare zeigt den Herstellungsprozess, eine Weinprobe ist im Eintrittspreis enthalten. Außer Wein wird auch ein guter Apple Brandy nach französischem Calvados-Rezept gebrannt sowie ein hervorragender Cider (7,5 %) hergestellt.

Durrell Wildlife ▶ Q 21

direkt 8 ▶ S. 70

Eric Young Orchid Foundation ▶ Q 21

Victoria Village, www.ericyoungorchid foundation.co.uk, ganzj. Mi–Sa 10–16 Uhr, 4 £, Bus Nr. 21 (Mo–Sa)

Prächtige Orchideenhybriden werden in Gewächshäusern gezüchtet und ausgestellt. Wer es selbst mit der Orchideenzucht versuchen möchte, kann sich hier fachkundige Anregungen holen

Pallot Steam, Motor & General Museum ▶ P 21

Rue de Bechet, Trinity, April–Okt. Mo–Sa 10–17 Uhr, 5 £, Bus Nr. 25, 27, anschließend kurzer Fußweg

Auf seiner Farm hat der 1996 verstor-bene dampfmaschinenbegeisterte Don Pallot ein kleines privates Museum mit alten Landmaschinen und Loks eingerichtet. Aber auch Modellautos, alte Nähmaschinen und Rasenmäher – allerlei technisches Gerät nicht nur aus der Landwirtschaft ist hier zusammengetragen. Hauptattraktion des Pallot Steam Museum ist jeden Donnerstag die Fahrt mit einem echten Dampfzug.

Bouley Bay ▶ Q 20–21

S. 67

Bus Nr. 4 (Mo–Sa)

Hotel am Wasser – **Water's Edge Hotel:** Bouley Bay, Tel. 01534 86 27 77, www.channelhotels.com/waters-edge-hotel. Herrliche Lage direkt am Wasser, Restaurant; 42,50–77 £ pro Person im DZ, Suiten 135–200 £, auch Selfcatering 675–1450 £/Woche.

B&B am Küstenpfad – **Undercliff:** Bouley Bay, Tel. 01534 86 30 58, www.undercliffjersey.com. Eine originelle Unterkunft: z.T. in einer früheren Fischerkapelle, 13 Zimmer, teils mit Meerblick, 32–47 £ pro Person, Halbpension möglich, auch Selfcatering.

Tauchen – **Bouley Bay Dive Centre:** Tel. 01534 86 69 90, www.scubadiving jersey.com. Die Tauchschule (PADI 5-Sterne) veranstaltet Exkursionen im klaren, tiefen Wasser der Bucht.

St John ▶ P–Q 20

Einige der spektakulärsten Abschnitte der wilden Nordküste von Jersey liegen in St John's Parish, rund um **Sorel Point,** den nördlichsten Punkt der Insel – mächtige, unergründliche Klüfte wie die **Wolf's Caves ▶** P 20 und fast 100 m hoch aufragende Klippen. Am besten erreichbar auf dem Küstenpfad ab Grève de Lecq bzw. Bonne Nuit Bay.

Bonne Nuit Bay ▶ P 20

S. 66

8 | Ein Zoo für Tiere – Durrell Wildlife

Karte: ▶ Q 21 | **Anfahrt:** Bus Nr. 3a, 3b, 23, grüne Linie

In diesem Zoo geht es um die Interessen der Tiere: Auf Jersey lernen Lemuren und andere vom Aussterben bedrohte Tiere, Früchte von den Bäumen zu pflücken und zu schälen, damit sie eines Tages auf Madagaskar wieder in freier Natur überleben können.

Der 1995 verstorbene Tierbuchautor Gerald Durrell gründete schon 1963 eine Stiftung, die heute nach ihm Durrell Wildlife heißt. Der Besitzer des Feudalanwesens Les Augrès Manor hatte ihm Haus und Gelände für das Projekt verpachtet. Das Ziel: die Nachzucht und das Auswildern bedrohter Tiere in ihren angestammten Gebieten.

Wo sich Tiere wohlfühlen …

Bei der Anlage der ›Gehege‹ wurde auf Verstecke und Aktivitätsangebote für die Tiere geachtet. Die Tiere suchen sich ihre Nahrung selbst und lernen z. B. Nüsse zu knacken. Das ausschließlich frische Futter stammt u. a. aus ökologischem Anbau auf dem Anwesen.

Auf Jersey gelingen immer wieder spektakuläre Nachzuchten. Doch lässt sich das Artensterben nur aufhalten mit lebensfähigen Populationen in geschützten Gebieten. Dafür ist häufig Überzeugungsarbeit bei der einheimischen Bevölkerung nötig, sei es auf Madagaskar oder Mauritius, in Indien oder Indonesien. Das Forschungszentrum auf Jersey bildet Mitarbeiter für den Einsatz und die Betreuung der Schutzgebiete in aller Welt aus, die Stiftung unterstützt Naturschutzprogramme weltweit.

Exemplare von mehr als 30 bedrohten Tierarten bevölkern den Tierpark. Vom Visitor Centre mit Shop geht es vorbei am **Kirindy Forest** 1 u. a. mit Kattas, einer lebhaften Lemurenart (s. Abb. oben). Das geheimnisvolle Aye-aye (Fingertier) aus Madagaskar lebt nahe dem Herrenhaus **Les Augrès Manor** 2, Hauptsitz der Stiftung. Unterhalb stelzen dekorativ rosa Flamingos durchs Wasser. Nachtaktive Lemuren haben ihr Reich in den **Lemur Woods** 3. Gegenüber bevölkern riesige Flughunde den **Fruit bat tunnel** 4.

So ein Affentheater …

Die Stars im Zoo sind aber die Menschenaffen. Die akrobatischen Übungen im **Orang-Utan-** und **Weißhandgibbon-Gehege** 5 können Besucher von Hütten am Ufer der großzügigen Seenlandschaft verfolgen und werden vielleicht Zeuge, wenn im **Gorillahaus** 6 die Fetzen fliegen und der Chef im Clan für Ordnung sorgt. Dazwischen ist ein Spielplatz für Menschenkinder ein-

gerichtet. So haben die Affen auch etwas zu lachen.

Geduld ist angesagt

Südamerikanische Regen- und Bergwälder sind die Heimat der Andenbären, der einzigen südamerikanischen Bärenart. Sie teilen sich diesen Lebensraum im **Cloud Forest** 7 mit Nasenbären und Brüllaffen *(howler monkeys)*. Nebenan lebt im **Reptilienhaus** 8 u. a. der Blaue Leguan von den Cayman-Inseln, der bis zu 1,50 m lang werden kann. **Discovery Desert** 9 ist besonders attraktiv, seit die Erdmännchen (engl. *meerkats*) Nachwuchs bekommen haben. Die flinken Schleichkatzen verschwinden schnell in ihren Erdlöchern, Geduld ist also angesagt.

Infos

Durrell Wildlife: Les Augrès Manor, La Profonde Rue, Tel. 01534 86 00 00, www.durrell.org, Ostern–Okt. tgl. 9.30–18, sonst 9.30–17 Uhr, Erw. 12,90 £, Kinder ab 3 Jahren 9,40 £.

Essen und Trinken

Sehr empfehlenswert ist das **Café Firefly** 1 (Zugang ohne Eintritt möglich, Sandwiches max. 7 £, Specials

10–15 £) mit schöner Terrasse. Auf dem Zoogelände selbst bietet das **Dodo Café** 2 Erfrischungen an.

Eine ganz besondere Unterkunft

Gelegenheit, nachtaktive Tiere zu belauschen, bietet eine Nacht im **Les Noyers Hostel** 1 (24 Betten, Mehrbettzimmer, 25–35 £/Person incl. Eintritt zum Park). Geplant sind auch Zelte in Safari-Art, **Pods** 2 genannt.

Guernsey

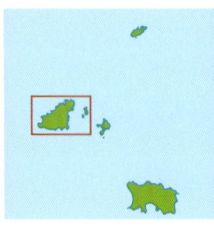

St Peter Port ▶ D 12

Wer sich Guernsey per Schiff nähert, erhält schon bei der Einfahrt in den Hafen von St Peter Port (ca. 16 500 Einw.) einen ersten Eindruck von der Inselhauptstadt, die sich stufenförmig am steilen Klippenhang ausbreitet. Treppen und enge Gassen, oft kopfsteingepflastert, erschließen die verschiedenen Niveaus der ansteigenden Hafenstadt.

Am Hafen
An einem Verkehrskreisel markieren der Uhrturm im viktorianischen Stil und das **Liberation Monument** ■ die Zufahrt zum Hafen. Über den Bänken neben dem Uhrturm erinnert der in den Stein gemeißelte Ausspruch Winston Churchills vom 8. Mai 1945 »and our dear Channel Islands are also to be freed today …« an das Ende der Besatzungszeit – hier fielen 1940 die ersten deutschen Bomben. Ein Obelisk erinnert an den Luftangriff auf den Hafen, mit dem die Okkupation begann.

Castle Cornet ■
Tel. 01481 72 16 57, www.museums. gov.gg, April–Okt. tgl. 10–17 Uhr, 6,50 £
Die Südseite des Hafens begrenzt die Festung Castle Cornet. 600 Jahre lang war sie eine Insel, bis sie 1859 mit der Piermauer in die Hafenanlage einbezogen wurde. Die Geschichte von Castle Cornet begann 1206, nachdem die Kanalinseln zu strategisch wichtigen Au-

ßenposten gegenüber dem feindlichen Frankreich wurden. Im englischen Bürgerkrieg im 17. Jh., als sich Guernsey aufseiten der Republikaner und Cromwells stellte, harrte der königstreue Inselgouverneur Sir Peter Osborne in Castle Cornet aus, das als die letzte Bastion der Royalisten 1651 fiel. Seit 1660 diente die Festung als Gefängnis. John Lambert, Cromwells General, wurde zu lebenslanger Haft begnadigt, die er zum Teil in Castle Cornet zubrachte. 1672 zerstörte ein Blitzschlag ins Pulverdepot fast die gesamte Anlage. Die deutschen Besatzer schließlich rüsteten Castle Cornet in den 1940er-Jahren auf – für den ›Ernstfall‹, der aber ausblieb.

Castle Cornet beherbergt vier Museen. In einem ehemaligen Kasernengebäude am Eingang wird im **Story of Castle Cornet Museum** die Geschichte der Burg vom Mittelalter bis zur deutschen Besatzungszeit nachgezeichnet. Andere Gebäude stellen Militaria wie Uniformen und Dokumente der **201. Schwadron** der britischen Luftwaffe und der **Royal Guernsey Militia** aus, der inseleigenen Truppe. Nicht verpassen: das **Maritime Museum.** Ein Film informiert über die Restaurierung eines römischen Handelsschiffs, das im Hafen von St Peter Port gefunden wurde. Ausgestellt sind Funde aus Wracks, Schiffsmodelle, Dokumente der Schifffahrt, einst wichtigster Erwerbszweig auf den Inseln, aber auch zum Schmuggler- und Freibeuterwesen. Erst 1815 endete die Praxis, dass mit ei-

St Peter Port

Sehenswert
1 Liberation Monument
2 Castle Cornet
3 Town Church
4 Markthallen
5 Guille-Allès Library
6 Victorian Shop & Parlour
7 Hauteville House
8 The Guernsey Tapestry
9 Candie Gardens
10 Priaulx Library
11 Guernsey Museum & Art Gallery
12 Mignot Plateau
13 Victoria Tower

Übernachten
1 Old Government House Hotel & Spa
2 Moore's Central Hotel mit Library Bar
3 Hotel de Havelet
4 The Clubhouse @La Collinette
5 Duke of Normandie Hotel
6 Sunnycroft Hotel
7 The Marton Private Hotel
8 The Pandora

Essen und Trinken
1 Pier 17
2 Da Nello's
3 Christie's
4 The Swan
5 L'Escalier
6 Le Petit Bistro

Einkaufen
1 Creasey's
2 The Guernsey Shop
3 Post Office

Ausgehen
1 Cock and Bull
2 The Dog House

Sport und Aktivitäten
1 Travel Trident
2 Guernsey Cycle Hire
3 La Valette Bathing Pools
4 Guernsey Sailing Trust
5 Dive Guernsey
6 Sail or Surf
7 Beau Sejour Leisure Centre

Über 10 000 Kanonenkugeln ließ der starrköpfige Governor einst im Bürgerkrieg von Castle Cornet auf St Peter Port abfeuern – daran erinnert heute der Böller um 12 Uhr mittags – ohne Kugel. Die Zeremonie der Noonday Gun gehört zu den Höhepunkten bei einem Besuch der Festung.

nem Freibrief des Königs feindliche, oft französische, Schiffe aufgebracht und geplündert werden durften.

Town Church 3

Am tiefsten Punkt der High Street, der tagsüber lebhaften Fußgängerzone und Einkaufsmeile, steht die trutzige Kirche aus grauem Granit (um 1475). Bei einem alliierten Bombenangriff 1944 wurde ein Großteil der Fenster zerstört. Heute hängen die Fahnen der Guernsey Militia in der Kirche, der Bischofsthron, die geschnitzten Kirchbänke und die Grabtafeln an den Wänden machen die Town Church zu der am prächtigsten ausgestatteten Kirche der Insel.

Marktplatz

In die ehemaligen **Markthallen** 4 von 1877 ist eine moderne Ladenpassage eingezogen, aber die kupfernen Blitzableiter in Form von Tabakpflanzen auf dem Dach blieben erhalten. Gegenüber ist in dem als Fleischmarkt errichteten Gebäude von 1782 die öffentliche Bücherei **Guille-Allès Library** 5 untergebracht, die man schon wegen des herrlichen Treppenhauses besuchen sollte. Gegen eine Kaution kann jeder Besucher dort Bücher ausleihen oder im Internet surfen (Mo, Mi–Fr 8.45–17.30, Di 10–17.30, Sa 8.45–17.15 Uhr).

Victorian Shop & Parlour 6

26 Cornet Street, www.nationaltrust-gsy.org.gg, Ostern–Mitte Okt. Di–Sa 10–16 Uhr, Eintritt frei

Ein Stück die Cornet Street hinauf, kann man einen Blick in einen viktorianischen Kaufmannsladen werfen: Hier gibt es Souvenirs, Postkarten und Bücher zur Geschichte, Kultur und Natur von Guernsey. Im hinteren Teil des kleinen Ladens wurde ein Wohnzimmer (Parlour) im viktorianischen Stil eingerichtet.

Hauteville House 7

direkt 9 ▶ S. 75

The Guernsey Tapestry 8

St James Concert and Assembly Hall, St James College Street, Tel. 01481 72 71 06, www.guernseytapestry.org. gg, Mo–Sa 10–16 Uhr, Erw. 4,50 £, Audioguide auch auf Deutsch

In einem Anbau der 1818 errichteten einstigen St James Church und heutigen Konzerthalle liefert ein gestickter Bilderzyklus einen kurzen Abriss der offiziellen Inselgeschichte, die mit den Normannen beginnt. Zur Jahrtausendwende entstand das Gemeinschaftswerk aus buntem Woll- und Perlgarn unter Mitwirkung der zehn Kirchengemeinden; jede übernahm die Darstellung eines Jahrhunderts.

Candie Gardens 9

Candie Road, tgl. ab 9.30 Uhr bis zur Dämmerung, Eintritt frei

In die üppige exotische Pracht des Gartens taucht man durch ein Portal in der Mauer entlang der Candie Road ein. Hier gedeihen botanische Raritäten wie Ginkgobaum und Palmfarn, und man trifft auf ein kleines Gewächshaus aus dem späten 18. Jh. – eines der ältesten erhaltenen überhaupt aus dieser Zeit, ursprünglich zum Anbau von Tafeltrauben errichtet. Drinnen finden Urgroßmutters Zimmerpflanzen ▷ S. 78

9 | Auf Victor Hugos Spuren – Hauteville House

Cityplan: S. 73

Victor Hugo war nicht nur ein erfolgreicher Romancier (»Der Glöckner von Notre-Dame«, »Les Misérables«), sondern auch ein politisch Verfolgter. Aus Frankreich vertrieben, ließ sich der Exilant in Guernsey nieder. Zum Domizil wählte er ein Haus auf den Klippen mit Blick Richtung Heimat und höchst individueller Einrichtung.

Ein unbequemer Dichter

»Vulkane schleudern Steine aus, Revolutionen Menschen. So werden Familien in weite Fernen verschlagen, menschliche Geschicke von ihrem Heimatboden losgelöst…«, so beschreibt Victor Hugo das Exilantenschicksal – er wusste, wovon er sprach. Einen Tag nach der Machtergreifung von Louis Napoleon am 2. Dezember 1851 – der Neffe Napoleons erhob sich zum Kaiser und entmachtete das Parlament – erging Haftbefehl gegen den republikanisch gesinnten Dichter. Hugo flüchtete über Antwerpen nach London und später nach Jersey. Hier bildeten die Proscrits (›die Verbannten‹) die größte Gruppe der etwa 300 politischen Flüchtlinge, die die 1848er-Revolutionen auf dem europäischen Kontinent ›ausgespuckt‹ hatten: Polen, Deutsche, Österreicher, Italiener. Doch für die traditionell dem englischen Thron ergebenen Bewohner von Jersey war das Maß voll, als die Proscrits Queen Victoria kritisierten. Zu den Aufrührern, die die Insel verlassen mussten, gehörte auch Victor Hugo und so bestiegen er und sein Sohn François-Victor im Oktober 1855 das Boot nach St Peter Port. Guernsey gefiel dem Dichter so gut, dass er 15 Jahre blieb und ein Haus kaufte.

Traumhaus eines Künstlers

Als er Hauteville House kaufte, war Victor Hugo 53 Jahre alt, es war sein erstes eigenes Haus. Dank der Einnahmen aus seinem Gedichtband »Les Contemplations« konnte er die Schulden für den Hauskauf rasch zurückzahlen. Der Autor mit dem Hang zur Politik war zudem Zeichner, Maler und Innenarchitekt: Das im Jahr 1800 für einen reichen Freibeuter erbaute Haus ließ er nach eigenen Entwürfen für sich und seine Familie – neben Frau Adèle erwachsene Söhne und Töchter – umbauen und einrichten. So ist Hauteville House ein originelles Gesamtkunstwerk. Seit 1927 in Besitz der Stadt Paris, blieb es unverändert erhalten.

Die Welt des Monsieur Hugo

Fasziniert vom Mittelalter, ließ der Autor des »Glöckner von Notre-Dame« es sich nicht nehmen, in der Eingangshalle den mit skurrilen Skulpturen bestückten gotischen Vorbau von Notre-Dame de Paris nachzubilden. Dunkle Eiche und Horror vacui überall: Der an die Eingangshalle angrenzende **China Corridor** (Porzellanflur) ist nicht nur bis unter, sondern auch an der Decke mit dekorativen Objekten wie Tellern und Deckeln von Suppenterrinen bedeckt. Hugo war ein begeisterter Sammler von alten Möbeln, von Kircheninventar und Eichentruhen, einfach aller originellen und exotischen Dinge.

Der **Tapestry Room** wird wegen der dunklen Eichentäfelung auch ›Kathedrale in Eiche‹ genannt; Wände und Decke schmücken Wandteppiche aus dem 18. Jh. Hier traf sich die Familie, hierher luden die Hugos Bekannte und Freunde ein. Im Anschluss liegt das **Studio** oder Rauchzimmer, das mit großem Fenster zum Garten wie eine Veranda wirkt. Das Esszimmer, **Dining Room,** besticht mit gekachelten Wänden aus Delfter Fliesen nach Entwürfen von Hugo, von dem natürlich auch die Inschriften an der ebenfalls gekachelten Kaminwand stammen, gekrönt von einem dreimaligen ›H‹ – für Hugo und Hauteville House.

So düster und ernst das Erdgeschoss, so bunt und luxuriös die beiden Wohnzimmer im ersten Stock: **Red Drawing Room** in rotem Damast und Gold und **Blue Drawing Room** in Gold und Blau. Spiegel und Chinoiserien, Seidentapeten und Kandelaber sorgen für exotische Pracht. Doppelte Glastüren führen in den Wintergarten mit wunderbarem Blick über den Hafen.

Warten auf Garibaldi

Hugo hatte eine Vorliebe für Spiegel – auch Zerrspiegel, beispielsweise im Treppenhaus. Vorbei an Victor Hugos Flurbibliothek – im Aufgang zum zweiten Stock stehen hinter Glas die Klassiker der französischen Literatur, Lexika, Geschichtswerke dicht an dicht – gelangt man in die **Oak Gallery** mit bemalten Eichentüren und -paneelen sowie einem von Hugo entworfenen, mit Aposteln und Drachen verzierten Eichenkandelaber, der allerdings nur kurze Zeit als Beleuchtung diente. Von dort betritt man durch die von zwei gedrehten Säulen flankierten Türen **Garibaldis Room.** Das Schlafzimmer war für Giuseppe Garibaldi reserviert, der die Einladung Hugos nach Guernsey jedoch nie wahrnahm. Victor Hugo hegte große Sympathien für die Revolution in Italien und pflegte eine herzliche Korrespondenz mit dem Freiheitskämpfer. Über dem gigantischen Bett schwebt ein von vier gedrehten Säulen getragener Eichen-›Himmel‹ aus über und über mit Schnitzereien versehenen Paneelen.

Verseschmiede unterm Dach

Über eine schmale Treppe gelangt man ins Allerheiligste, zum **Lookout,** ein rundum verglaster Raum auf dem Dach. Von hier geht der Blick weit übers

Die Gartenseite von Hauteville House, unverändert seit Victor Hugos Zeiten

Meer, bis nach Frankreich sowie zum Haus Hauteville Nr. 20, wo Victor Hugo seine lebenslange Geliebte Juliette Drouet untergebracht hatte. An seinem Arbeitstisch und am Stehpult über den Dächern von St Peter Port vollendete der Autor einige seiner wichtigsten Werke, u. a. »Les Misérables« und »L'homme qui rit« (Der Mann mit dem Lachen). Der auf Guernsey spielende Roman »Les Travailleurs de la Mer« (dt. Das Teufelsschiff) zeichnet ein eindrucksvolles Bild der Natur und der Bewohner der Insel. Vom Lookout führt ein Korridor zu einem winzigen, ungeheizten Raum, in dem der Dichter auf einem Sofa schlief, spartanisch dekoriert im Vergleich zum Rest des Hauses.

Eine Eiche für Europa

Zum Abschluss der Besichtigung lohnt der Blick in den Garten. Hier wächst die ›Eiche Europas‹. Den Baum hatte Victor Hugo, der für die Vereinigten Staaten von Europa eintrat, gepflanzt.

Bei Ausflügen auf die Nachbarinseln erkundete Hugo den *Archipel de la Manche*, wie er die Kanalinseln nannte. Auch nach 1870, dem Ende seines Exils, kehrte er – nun Abgeordneter der Nationalversammlung – zu Besuchen in sein Haus auf Guernsey zurück.

Infos

Hauteville House: 38 Hauteville St., Tel. 01481 72 19 11, www.victorhugo. gg/hautevillehouse, April–Juni, Sept.– erste Okt.woche Mo–Sa 10–12, 14– 16, Juli/Aug. 10–16 Uhr (letzter Einlass), Führung auf Englisch oder Französisch, Erw. 6 £, über 60 Jahre 4 £.

Victor Hugo auf der Spur

Unterhalb des Museums, , am oberen Ende von Candie Gardens steht, dem Meer zugewandt, eine 1914 aufgestellte **Statue** von Victor Hugo. Er sieht tief in Gedanken versunken zu Boden, sein Cape scheinbar bewegt vom Wind – der Dichter machte jeden Tag seinen Spaziergang auf den Klippen. Infos zu **Touren** auf den Spuren von Victor Hugo bei der Tourist Information, North Esplanade.
Internet: www.victorhugo.gg

Die schönsten Aussichtspunkte

Gute Aussicht über das Geschehen im Hafen genießt man bei einer Tasse Kaffee im Café des Kaufhauses **Creasey's** `1` (Lift von High Street). Ein Stück unterhalb des Victorian Shop führen von der Cornet Street Stufen zu einem Parkplatz auf dem **Mignot Plateau** `12` mit der ehemaligen Kirche St Barnabas (1874 errichtet, heute das Archiv der Insel). Hier hat man eine Spitzenaussicht auf Hafen und Stadt. Im Guernsey Museum bekommt man den Schlüssel zum Turm gegenüber der Feuerwache, **Victoria Tower** `13`, mit Aussicht von ganz oben über das Stadtgebiet.

Platz: Gardenien, Begonien und Sukkulenten. Im einstigen Haus der Familie Priaulx, die das Anwesen einschließlich Candie Gardens 1887 der Insel stiftete, befindet sich heute die **Priaulx Library** `10`, eine öffentliche Bibliothek mit zahlreichen Publikationen und historischen Fotografien zur Inselgeschichte.

Guernsey Museum & Art Gallery `11`

Candie Gardens, Tel. 01481 72 65 18, www.museums.gov.gg, Sommer, tgl. 10–17, Winter 10–16 Uhr, 4 £
Der aus mehreren achteckigen Pavillons zusammengesetzte Museumsbau vermittelt Inselgeschichte kompakt: mit Hilfe von Filmen, Ton- sowie Bildschauen und Modellen kann man die Zeit von der Jungsteinzeit bis heute nachvollziehen sowie Geologie, Flora und Fauna, Kultur und Wirtschaft von Guernsey und den Nachbarinseln Herm und Sark kennenlernen. Die Art Gallery präsentiert in Wechselausstellungen lokale Künstler oder widmet sich Inselthemen.

Übernachten

Historisches Flair – **Old Government House Hotel & Spa** `1`: Ann's Place, Tel. 01481 72 49 21, www.theogh hotel.com. Das Hotel im ehemaligen Regierungssitz des Lieutenant Governor liegt im Zentrum von St Peter Port und bietet 68 komfortable Zimmer, einen geheizten Pool, Fitness- und Spa-Abteilung, DZ 143–295 £.

Zentral und nobel – **Moore's Central Hotel** `2`: Le Pollet, Tel. 01481 72 44 52, www.moores.sarniahotels.com. Moderner Komfort im historischen Gemäuer, dem einstigen Stadthaus der Familie Sausmarez, jetzt Best-Western-Hotel. 49 Zimmer, Fitnessraum mit Jacuzzi, Sauna und Solarium, DZ ab 94 £, Suite 244 £.

Komfort und schöne Aussicht – **Hotel de Havelet** `3`: Havelet, Tel. 01481 72 21 99, www.havelet.sarniahotels.com. Best-Western-Hotel in traumhafter Lage mit Blick über Castle Cornet und Hafen, 34 schöne Zimmer, Hallenbad, Sauna, Jacuzzi, Restaurant, DZ 96–230 £.

Schick in Bestlage – **The Clubhouse @ La Collinette** `4`: St Jacques, Tel. 01481 71 03 31, www.lacollinette. com. Modernes Boutiquehotel mit Designausstattung, DZ/EZ 55–105 £.

Ruhig und sehr zentral – **Duke of Normandie Hotel** `5`: Lefebvre St., Tel. 01481 72 14 31, www.dukeofnor mandie.com. Gemütliches Drei-Sterne-Hotel mit 37 sehr individuellen Zimmern unterschiedlichster Größe und Ausstattung, von Mini bis »Executive«, mitten im Stadtzentrum, 65–140 £.

Großartiges Panorama – **Sunnycroft Hotel** `6`: 5 Constitution Steps, Tel. 01481 72 30 08, kostenlose Nr. in GB Mo–Fr 9–17 Uhr Tel. 0800 316 03 14, www.sunnycrofthotel.com. Das kleine Zwei-Sterne-Haus einige Stufen abwärts von der Gasse ist mit allem Komfort ausgestattet, 14 Zimmer, wenn auch klein, einige mit Balkon und traumhaftem Blick, auch von der Terrasse über die Dächer der Stadt, DZ 76–112, EZ 62 £.

Kleines Stadthotel – **The Marton Private Hotel** 7 : Les Vardes, Tel. 01481 72 09 71, www.martonhotel.pandora hotel.co.uk. Kleines 28-Zimmer-Hotel in der ruhigen Südstadt nahe Hauteville und Havelet, Ausblick auf Garten oder Stadt, 30–37 £ pro Person. Schwesterhotel ist **The Pandora** 8 , Hauteville St., 38–48 £ pro Person.

Essen und Trinken

Feines aus dem Meer – **Pier 17** 1 : Albert Pier, Tel. 01481 72 08 23, www.pier17restaurant.com. Vorspeisen und Desserts je 6–8 £. Famose Meeresfrüchte-Küche. Gourmets wählen Seamus' Scallops 15 £ nach dem Rezept

Bis zum 9. Mai 1945 befand sich auf dem Gelände des **La Collinette Hotels** 4 das German Naval Signals H. Q. Das ›Nachrichtenhauptquartier des Deutschen Seekommandanten Kanalinseln‹ ist als Museum mitsamt Kodiermaschine hergerichtet (Besichtigung Tel. 01481 70 04 18, 2,50 £).

von Meisterkoch Seamus Duggan oder Steinbutt mit Kapern (16,50 £) als Hauptspeise, vielleicht aber auch ein Fleischgericht (16–19 £).

Verlässlicher Italiener – **Da Nello's** 2 : 46, Le Pollet, Tel. 01481 72 15 52, tgl. geöffnet. Hier gehen Genießer auf Nummer sicher: Italienische Spitzenküche, serviert in einem gemütlichen, 200 Jahre alten Inn, erstklassiger Service, 3-Gang-Dinner-Menü ca. 27 £.

Für jeden etwas – **Christie's** 3 : Le Pollet, Tel. 01481 72 76 24, tgl. geöffnet. Abends beliebter Treff, mit viel

Die schmucke Hafenmeile ist die Schokoladenseite von Guernseys Hauptstadt St Peter Port

Stimmung bei Livemusik, ausgezeichnete Küche, besonders Seafood, tagsüber Kleinigkeiten zum Lunch im Bistro-Stil (4,50–15 £).

Gastropub – **The Swan** `4` : St Julian's Avenue, Tel. 01481 72 89 69. Im ersten Stock des Pub gibt's ›modern British‹, englische Klassiker in neuem Gewand, wie Lammschulter, Schweinebauch mit Pastinakenpüree oder Bean Jar (Bohnentopf), Hauptgerichte um 10 £.

Bar und Bistro – **L'Escalier** `5` : Tower Hill, Tel. 01481 71 00 88, www.escalier guernsey.co.uk, Di–Sa. Winziges Lokal nostalgisch-originell eingerichtet; überraschende Kombinationen auch bei den Gerichten – Appetizer (8–20 £) wie Scallop-Carpaccio oder Krabbenravioli, Hauptgerichte mit Schwerpunkt Fisch (13–18 £). Es lohnt sich, früh zum Dinner zu erscheinen (17.30–19.45 Uhr), dann gibt's drei Gänge zu 12,50 £.

Französisch – **Le Petit Bistro** `6` : 56 Lower Pollet, Tel. 01481 72 50 55, Mo–Sa 12–14, 18–22 bzw. Fr/Sa 22.30 Uhr, So geschl., frühes Dinner 18–19 Uhr. Französische Klassiker wie Froschschenkel und Coq au Vin. Drei Gänge 13 £, *set lunch* (zwei Gänge) 11,25 £ (einfache Kost wie Bœuf bourguignon), ein Gang 9,95 £ (incl. 1 Glas Wein).

Einkaufen

Le Pollet und High Street sind die Haupteinkaufsmeile: Schuhläden, Modeboutiquen und die üblichen Filialen. Im Altstadtviertel **Viaer Quatre** um Mill und Mansell Street bis Trinity Square laden Boutiquen, Kunsthandwerks- und Antiquitätenläden zum Stöbern.

Kaufhaus – **Creasey's** `1` : zwischen High Street und Hafen. Das größte Warenhaus der Stadt.

Für alle Wetter – **The Guernsey Shop** `2` : North Esplanade. Sportliche Kleidung, beste Auswahl *in town* von Guernseys (Pullovern).

Briefmarken – **Post Office** `3` : Smith St. Briefmarken, die nicht jeder hat; ein kleines Museum stellt sie aus.

Ausgehen

Nicht nur für Leseratten – **Library Bar**: Le Pollet, in **Moore's Central Hotel** `2` . Gepflegtes Pub, eingerichtet wie eine Bibliothek, wo keine Bücher, sondern Drinks über den Tresen gehen.

Irish Music Pub – **Cock and Bull** `1` : Lower Hauteville. Gemütliche Musikkneipe, ausgezeichnete Auswahl an Real Ales, auch Küche (Lunch Mo–Sa 10–14 Uhr, Hauptgerichte ca. 5–9 £).

Livemusik – **The Dog House** `2` : The Rohais, Tel. 01481 72 13 02, www.dog house.gg. Ca. 2 km westlich St Peter Port, abends häufig Jazz u. a. Livemusik, beliebtes Pub, experimentierfreudige Crossover-Küche 8,50–13 £.

Gemütlich – **The Swan** `4` : s. oben

Sport und Aktivitäten

Ausflug auf die Insel Herm – **Travel Trident** `1` : direkt 10 ▶ S. 81

Fahrradverleih – **Guernsey Cycle Hire** `2` : North Plantation, Tel. 01481 52 06 81, 07781 19 20 33, www.guern seyhire.co.uk. Ab zwei Tage Abholservice, MTB z. B. 8 £/Tag, 32 £/Woche.

Meerwasser-Pools – **La Vallette Bathing Pools** `3` : Bei Ebbe hinterlässt das Meer die Becken wassergefüllt.

Segeln – **Guernsey Sailing Trust** `4` : Castle Emplacement, Tel. 01481 71 08 77, www.sailingtrust.org.gg. Schnell ausgebucht sind die Sommerkurse für jedes Alter bei der Segel-Stiftung.

Tauchen – **Dive Guernsey** `5` : Castle Emplacement, Dive Bunker, Tel. 01481 71 45 25, 07781 40 40 85, www.dive guernsey.co.uk. PADI 5-Sterne-Basis; Tauchkurse. Guernseys bestes Tauchrevier ist die Havelet Bay.

Surfshop – **Sail or Surf** `6` : 24 Commercial Arcade. Außer dem ▷ S. 83

10 | Reif für die Insel – Herm Island

Karte: ▶ F–G 11–12 | **Anfahrt:** Ausflugsboote ab St Peter Port

Reif für die Insel? Nur eine Viertelstunde mit dem Boot von St Peter Port, ist die kleine Insel Herm die beste Option für alle, die Hektik und Autoverkehr auf Guernsey entfliehen möchten.

Im Mittelalter war Herm erst Feudallehen, bis Zisterziensermönche die Insel pachteten. Daran erinnern die drei Mönche im Wappen der Insel. Heute gehört Herm den States of Guernsey und ist verpachtet, mit der Auflage, der Öffentlichkeit zugänglich zu sein. Anders die benachbarte Privatinsel **Jethou**.

Weißer Sand, Muschelstrand
Unweit vom Anlegeplatz der Boote, am zentralen Wegekreuz der Insel vor dem **White House Hotel** 1 führt die Teerstraße zwischen Hortensienbüschen nach Norden. Links erstreckt sich der Sandstrand **Fisherman's Beach** 1, der sich als Bear's Beach fortsetzt.

Im Norden der Insel findet man Dünen mit interessanter Pflanzenwelt und Vorzeitdolmen. Die frühen Bewohner von Herm bauten vor rund 5000 Jahren Menhire und Ganggräber. Im 19. Jh. war der Granitabbau wichtiger Erwerbszweig, dem so mancher Menhir oder Deckstein eines Dolmen zum Opfer fiel. Auf der Nordseite Herms lädt der Sandstrand **Mouisonnière Beach** 2 zur Rast ein. Ein Stück weiter steht man staunend vor der fast 1000 m langen weißen Weite der **Shell Beach** 3, ein flacher Strand, dessen Sand aus fein zerriebenen Muschelschalen besteht, ideal für Kinder und Strandläufer. Nach starken Gezeiten entdeckt man die buntesten Muschelfragmente – es heißt, sie kämen mit dem Golfstrom von weit her.

Steilklippen im Süden
Den Aufstieg in den wilden südlichen Teil der Insel belohnen überraschende

Übrigens: Die Kühe von Herm sollen die beste Milch weit und breit liefern. Mit dem ersten Boot am frühen Morgen, dem Milk Boat, werden Milchkannen abgeholt und Passagiere können zum Rabattpreis mitfahren.

Ausblicke aufs Meer und in einsame Buchten. Versteckt zwischen Felswänden liegt die **Belvoir Bay** 4, die sich gut zum Baden eignet. Weiter auf dem Küstenpfad Richtung **Puffin Bay** 5 passiert man Buchten, in die kein Abstieg möglich ist. Von der Höhe hat man einen wunderbaren Blick auf das nur 5 km entfernte Sark und die Vogelfelsen rundum. An den steilen Klippen gedeihen zahlreiche Pflanzenarten, darunter exotische Gewächse wie die aus Südafrika stammende Mittagsblume, die in der Sommersonne mit ihren großen, rosafarbenen Blüten Insekten anlockt. Mit etwas Glück sieht man auch Papageitaucher (nur von Mai bis Ende Juli).

Eine Kapelle fürs Herrenhaus
Im **Manor House** 6, das bis auf das 15. Jh. zurückgeht, mit dem trutzigen, viereckigen, zinnengekrönten Turm, auf dem die britische Flagge weht, lebt die Pächterfamilie bereits in zweiter Generation. Durch eine Mauerpforte gelangt man zur **St Tugual's Chapel** 7 aus dem 11. Jh., einem Heiligen aus Wales gewidmet, mit Glockenstuhl aus Granitbruchsteinen. Das Innere der Kapelle schmücken schöne Glasfenster.

Infos
Herm Island Tourist Information: Tel. 01481 72 23 77, www.herm.com.

An- und Abreise
Ab 8.30 (Milkboat) bis 17.30 Uhr (letzte Rückfahrt) verkehren die Boote nach Herm in 15–20 Min. ab St Peter Port (Trident Tours, Tel. 01481 72 13 79). Sie legen meist am **Hafen** auf Herms Westseite an, bei niedrigem Wasserstand an den **Rosaire Steps** weiter südlich.

Übernachten
White House Hotel 1 ist ein richtiges Traumhotel zum Abtauchen auf Zeit – im Zimmer kein Telefon, keine Uhr, kein Fernsehen (Tel. 01481 75 00 75, 40 Zimmer, nur Halbpension, 92–142 £). **Apartments** im Annex des Manor House und Ferienhäuser wie Fisherman's Cottage, 2–8 Personen, 260–1230 £/Woche, sowie **Camping,** Tel. 01481 75 00 00, Mai–Sept.

Essen und Trinken
The Ship Inn 1 im White House Hotel bietet sehr gute Küche und beste Weine, Lunch um 10 £, die **Mermaid Tavern** 2 Pub Lunch und Dinner, Biergarten im Freien mit Barbecue (April–Okt.) – Gastronomie für jeden Anspruch zu guten Preisen.

La Pointe du Gentilhomme
Oyster Point
Le Plat Houmer
Fisherman's Cottage
Neolithic Graves
Herm
St Peter Port
Mermaid Inn
Rosaire Steps
Rosaire Cottage
Crevichon
Le Manoir
Point Sauzebourge
Jethou
Herm
1 km

passenden Outfit hat das Personal im Laden auch Tipps auf Lager.

Hallensport – **Beau Sejour Leisure Centre** `7`: Amherst (nördl. Stadtrand), Tel. 01481 120 50, www.beausejour.gg. Veranstaltungshalle, Fitnesscenter mit kleinem Hallenschwimmbad, Sauna, Whirlpool, Squash und Tennis.

Infos und Termine

Tourist Information Centre: North Esplanade, Tel. 01481 72 35 52, www.visitguernsey.com. Mai–Sept. Mo–Sa 9–17, Sa, So 9–13, März, April, Okt., Nov. Mo–Fr 9–17, Sa 9–13 , übrige Zeit Mo–Fr 9–17, Sa 10–12.30 Uhr.

Termine

Liberation Day: Der 9. Mai, Tag der Befreiung von der deutschen Besatzung, wird in ganz St Peter Port gefeiert, mit abendlichem Feuerwerk.

Town Carnival: Ende Juli/Anfang Aug. Livemusik, Feuerwerk und Stände mit kulinarischen Spezialitäten.

Verkehr

Fähren: Autofähren nach Jersey und St Malo/Frankreich ab White Rock Pier mit Condor, Tel. 01481 72 96 66 (meist mit Halt in Jersey); nach Sark ab St Julian's Pier mit Sark Shipping Co.,Tel. 01481 72 40 59, nach Herm s. S. 82.

Bus: Ab Busbahnhof Terminus (South Esplanade) Linienbusse in alle Teile der Insel. Informationen: www.gov.gg/traffic. www.icw.gg/buses.

Mietwagen: viele Büros am Flugplatz, in St Peter Port Economy Car Hire, am Hafen, Tel. 01481 72 69 26, www.economycarhire.com; Avis-Büro (Seaquest), North Plantation (hinter Tourist Information), Tel. 01481 72 17 73.

Zweiradverleih: Millard's, 9–11 Victoria Rd., Tel. 01481 72 07 77, www.millards.org, Mo–Fr 8.30–17.30, Sa 8.30–16.30 Uhr. Fahrradgeschäft mit guter Auswahl an Leihrädern (8,50 £/Tag, 35 £/Woche), aber kein Bring-oder Holservice, auch Verleih von Motorrollern und Mopeds (ab 31 £/Tag).

Taxis: Taxistände in St Peter Port am Ende von Le Pollet und der High Street.

Der Süden

St Martin ▶ D 13

Bus 5, 6 (auch Jerbourg, Saints Bay, Icart) sowie 7/7A (Pleinmont)

Im Ortszentrum führt eine Gasse (Einbahnstraße) zur St Martin's Parish Church, vor deren Eingang am Kirchhof fast lebensgroß – und nach Hochzeiten manchmal blumengeschmückt – die **Grandmère du Chimquière** (›Großmutter vom Friedhof‹) grüßt, ein Menhir, der wahrscheinlich erst in römischer Zeit Gesicht und Halsschmuck erhielt und offenbar bis heute als Fruchtbarkeitssymbol und Glücksbringer verehrt wird. Die **St Martin's Parish Church** gab es immerhin schon zu Zeiten des normannischen Herzogs William 1048. Schiff, Chor und Turm des heutigen Baus datiert man ins 13. Jh., die kleine südliche Eingangshalle mit dem Portal im Decorated Style, der englischen Spätgotik, entstand 1520.

Wohnen im Dorf – **La Bellieuse Cottages:** c/o Del Mar Court, Le Varclin, St Martin's, Tel. 01481 23 74 91, www.selfcatering.co.gg. Uriges Wohnen in zwei umgebauten Farmhäusern mit buckligen Granitmauern und hübschen Vorgärten nahe St Martin's Church, für 2 Personen 275–545 £ pro Woche.

Schmuck-Atelier – **Catherine Best:** The Mill, Steam Mill Lane, Mo–Sa 9–17.30, So 9.30–17 Uhr. Die Schmuckdesignerin arbeitet in einer alten Mühle.

Sausmarez Manor ▶ D 13

`direkt 11▶` S. 84   ▷ S. 86

11 | Sir Peter und die Moderne – Sausmarez Manor

Karte: ▶ D 13 | **Anfahrt:** Bus 5/5A (South), 6/6A, 7/7A

Sausmarez Manor ist ein traditionsreicher Familiensitz voller Geschichten, von Erfindern und Entdeckern, Schmugglern und Freibeutern. Ihr Nachfahre und heutiger Hausherr Sir Peter geht mit der Zeit – ein Skulpturengarten im Park lädt zur Entdeckung der Moderne ein.

Ein ganzes Kaleidoskop von Attraktionen erwartet Besucher im einzigen zugänglichen Herrenhaus der Insel. Das heutige Äußere von Sausmarez Manor mit der eleganten grauen Granitfassade entspricht dem Stil Anfang des 18. Jh., der Regierungszeit von Queen Anne. Damals baute man auch den verglasten Ausguck auf dem Dach. Von dort reicht der Blick bis aufs Meer. Von diesem Widow's Walk (›Witwengang‹) konnte die Dame des Hauses beobachten, welche Schiffe einliefen – häufig genug kehrten die Männer nicht von ihrer Seereise zurück.

Übrigens: Urkunden belegen, dass die Lehen Samares auf Jersey und Sausmarez auf Guernsey noch im 13. Jh. ein und demselben Lehnsherrn, William de Salinelles, gehörten (Samarès Manor, Jersey, s. S. 56).

Illustre Ahnengalerie

Bei einer Führung durch das **Manor House** , voller Eiche und Mahagoni, Familienporträts und antikem Mobiliar erhält man Einblick in die Geschichte der Familie. Thomas de Sausmarez (1756–1837), hatte 28 Kinder – aus zwei Ehen; kein Wunder, dass er anbauen ließ. Unter den illustren Ahnen des heutigen Seigneur Sir Peter sind Erfinder und Entdecker, Schmuggler und Freibeuter. Einer davon war Philip de Saumarez – die französische Schreibweise hatte er bewusst abgelegt –, der einer spanischen Galeone 1743 im Auftrag ihrer Majestät vor den Philippinen einen hochkarätigen Inka-Goldschatz abjagte. Auch Guernseys größter Seeheld Admiral James Saumarez, gehörte zur Familie. An allen Fronten kämpfte er gegen den französischen Feind, in heimischen Gewässern, am Nil unter Nelson und in der Ostsee.

Gartenpracht mit Kunstgenuss

Nicht versäumen sollte man den malerischen **Woodland Garden** , ein dschungelartiges Labyrinth, wo man sich unter meterhohen Bambusstauden – mehr als 30 Arten wachsen hier – und neuseeländischen Baumfarnen samt einem Teich mit Brückchen auf ferne Kontinente versetzt fühlt. Besonders schön ist der Garten vom Frühjahr bis zum Sommer, wenn die über 300 Sorten Kamelien ihre Blüten entfalten, Sir Peters ganzer Stolz. Im Spätsommer und Herbst bezaubern die üppigen Hortensien und die zarten Cyclamenblüten.

Das sind nicht die einzigen Attraktionen: Der Seigneur von St Martin stellt seinen üppigen Woodland Garden Künstlern und ihren Werken zur Verfügung. Die etwa 250 Skulpturen sind verkäuflich – die Preisspanne ist groß. Wer mag, kann durchaus ein ungewöhnliches Souvenir erstehen.

Infos

Der Zutritt zum Park ist ganzj. tgl. 10–17 Uhr grundsätzlich frei. Alle Sehenswürdigkeiten sind separat zugänglich, ein ›Privilege Pass‹ gewährt Rabatt.
Führungen Sausmarez Manor: Tel. 01481 23 55 71, www.sausmarezma nor.co.uk. 40-minütige Führungen Mitte März–Mitte April Mo–Do 10.30 Uhr, Mitte April–Mai und erste Okt.-hälfte 10.30 u. 11.30 Uhr, Juni–Sept. Mo–Do, auch Sa, Sa (wenn keine Hochzeit stattfindet) 10.30, 11.30, 14 Uhr, 7 £. **Subtropischer Garten** und **Skulpturenpark:** www.artparks.co.uk, tgl. 10–17 Uhr, Erw. 6 £. **Ghost Tours** leitet Sir Peter persönlich nach telefonischer Vereinbarung (ab 6 Pers.).

Action für die ganze Familie

Kinder haben Spaß beim Füttern der Enten am Teich oder an der Fahrt mit der **Schmalspureisenbahn** (während der Schulferien tgl., sonst Sa, So 10–17 Uhr, Kinder bis 12 Jahre 1,50 £, Erw. 2 £). Golfspielen für Anfänger ist **Pitch und putt**  (bis 1 Std., 9-Loch oder 18-Loch 6–8 £).

Einkaufen

April–Okt. Sa 9–12.45 Uhr **Farmers' Market:** Gemüse und Obst, Eier u. a. aus Öko-Anbau, Honig, Marmeladen, Chutneys … Veranstaltungskalender unter www.sausmarezmanor.co.uk. In einer Scheune hämmert der Schmied von **Guernsey Coppercraft** traditionelle *Guernsey milk cans* gekonnt in Form und produziert andere Souvenirs aus Zinn, Silber und Messing (www.guernseycans.co.uk, Ostern–Okt. tgl. 10–16.45, Nov. Mo–Fr, Dez. tgl. 13.30–16 Uhr, Eintritt frei).

Fermain Bay ▶ D 13
Bus 5, 6 (South), 7

Die Bucht ist von St Peter Port am besten zu Fuß auf dem Küstenpfad erreichbar (knapp 3 km; s. auch S. 89).

Luxuriöse Unterkunft – **Fermain Valley Hotel:** Fermain Lane, St Peter Port, Tel. 01481 23 56 66, www.fermain valley.com. Ehemaliges Landhaus im Grünen oberhalb Fermain Bay, mit Hallenbad, 65–122,50 £ pro Person. Restaurant mit guter englischer Küche, z. B. Lamm oder Scallops 8–15 £.

Jerbourg ▶ D 13–14
Bus Nr. 6

An der Spitze der Halbinsel Jerbourg ragt der Südostzipfel von Guernsey St Martin's Point ins Meer. Auf Pfaden lässt sich die windumtoste Halbinsel erkunden (s. auch S. 90).

Stilvoll mit Aussicht – **The Auberge:** Jerbourg, Tel. 01481 23 84 85, www. theauberge.gg. Minimalistisch das Design, atemraubend der Seeblick durch die großen Panoramafenster über dem Agavengarten, Steakkarte, aber auch viel aus dem Meer und Vegetarisches, Hauptgerichte 13,50–18 £, 19–24,50 £ (Steaks).

Moulin Huet Bay ▶ D 13
direkt 12 ▶ S. 88

Übernachten mit Meerblick – **Hotel Bon Port:** Moulin Huet, Tel. 01481 23 92 49, www.bonport.com. Komfortables Hotel auf den Klippen mit herrlicher Aussicht auf Moulin Huet Bay, direkt am Klippenpfad. Mit Golfplatz, Sauna, Fitnessraum, beheiztem Pool. Die Zimmer mit Meerblick und Balkon sind etwas teurer, aber die schönsten (ab 105 £); Standard Rooms zur Landseite ab 85–115 £ (DZ); auch Apartments für Selbstversorger (ab 395–595 £/Woche). Restaurant (5-Gang-Menü 18,50 £), Light lunches (Mo–Sa 12–14 Uhr).

Saint's Bay ▶ D 13
Bus 6 (South)

Etwas oberhalb der bei Ebbe sandigen Badebucht steht ein inseltypischer Martello-Turm. Folgt man der Straße am Turm vorbei in die Bucht, erreicht man einen kleinen Bootsanleger, von dem steile Treppen hochführen. Für den anstrengenden Aufstieg entschädigt die Aussicht bis zu den Pea Stacks und den zwei einzeln stehenden Saints Rocks. Am fast 100 m hohen **Icart Point** geht der Blick nach Westen zur bei Ebbe feinsandigen Bucht Le Jaonnet.

Kleines Hotel im Grünen – **Les Douvres:** Rue de la Motte, St Martin, Tel. 01481 23 87 31, www.lesdouvreshotel. co.uk. In einem hübschen Haus aus dem 18. Jh. am oberen Ende des Saints Bay Valley, 25 blumig, aber nicht aufdringlich eingerichtete Zimmer (DZ 80–102 £, EZ 60–71 £), beheizter Pool im Garten. Restaurant mit u. a. Meeresfrüchten und Fisch sowie flambierten Gerichten, gemütliche Bar, die Nichtgästen offen steht.

Landhaushotel – **La Barbarie Hotel:** Saints Bay Rd., Tel. 01481 23 52 17, www.labarbariehotel.com. In einem ruhig gelegenen, gemütlichen alten Granithaus oberhalb der Saints Bay. Die Zimmer und Suiten sind unterschiedlich groß und stilvoll eingerichtet, EZ ab 63,50 £, DZ 77–136 £. Im Restaurant feine Küche mit italienischer Note, Fisch und Meeresfrüchte, *bar menu* um 8 £, Drei-Gänge-Menü 22,50 £.

Petit Bôt Bay ▶ C 13
Bus 7/7A

Mehrere Bäche, die einst Mühlen betrieben, münden bei Petit Bôt mit einem kleinen Wasserfall ins Meer. Ein Guernsey-Martello-Turm bewacht die Bucht, die viel besucht wird. Bei Ebbe erscheint ein schmaler Streifen Sand, ansonsten gibt es nur Kiesstrand.

Von Petit Bôt nach Portelet und Le Gouffre

Auf der Teerstraße aus der Bucht Petit Bôt kommend, nimmt man hinter dem Aussichtsplateau links den Klippenpfad Richtung Portelet/Le Gouffre. Auf rund 145 Stufen erreicht man die Klippenhöhe. Oben angekommen, hat man einen schönen Blick nach Osten, zurück auf die Creux au Chien-Höhle unterhalb von Icart. Links führt ein Abstecher zu einer ehemaligen Geschützstellung (St Clair Battery). Folgt man dem Pfad links Richtung Le Gouffre, kommt nach einigen Metern der Hinweis »Portelet only«. Über einen Serpentinenpfad ist ein Abstecher hinab in die Bucht Portelet möglich, einen natürlichen Felsenhafen mit Bootsanlegestelle und einer eindrucksvollen Felsspalte. Auf den nackten Felsen brüten Seevögel. Man kann Kormoranen und Seeschwalben beim Fischen zusehen und dem Geschrei der Austernfischer lauschen. Wer den Weg auf dem Küstenpfad bis Le Gouffre fortsetzt, wird nach einer Stärkung im **L'Escalier Café** (Le Gouffre ▶ C 14, Tel. 01481 26 41 21, im Sommer ab 9 Uhr geöffnet, Lunch 12–14 Uhr, Suppen ca. 5 £) die 1,5 km zur Hauptstraße mit Busverkehr ohne Mühe schaffen.

German Occupation Museum
▶ C 13
Südlich Forest Road hinter Forest Church, Tel. 01481 23 82 05, April–Okt. tgl. 10–16.30 Uhr, 4 £, Bus 4, 7/7A
Das Museum hat ein Privatsammler eingerichtet und interessante Gegenstände zusammengetragen, die den Alltag während der deutschen Besatzungszeit 1940–45 widerspiegeln.

German Military Underground Hospital ▶ C 13
La Vassalerie, St Andrew, Tel. 01481 23 91 00, April–Juni, Sept. tgl. 10–12, 14–16, Juli, Aug. 10–16.30, März, Okt. und Nov. Do und So 14–15 Uhr, 3,50 £, Bus 4 und 5/5A
Deprimierend in seiner Tristesse dokumentiert das Krankenhaus deutsche Gründlichkeit. Zwangsarbeiter schlugen aus dem Gestein ein Labyrinth von Gängen mit Operationssälen und Krankenzimmern, in denen noch einige alte Bettgestelle stehen. Interessant ist die Sammlung von Zeitungsausschnitten, die die deutsche Besatzungszeit vom 30. Juni 1940 bis zum 9. Mai 1945 dokumentiert.

Little Chapel ▶ C 13
Les Vauxbelets, Rue de Bouillion, St Andrew, Eintritt frei, Bus 4, 5
Ein Kuriosum ganz besonderer Art steht unterhalb eines Hügels bei der katholischen Mädchenschule Blanchelande College – das kleinste Gotteshaus und zugleich der größte Scherbenhaufen der Insel. Ab 1923 baute der Mönch Deodat die verkleinerte Kopie der Kapelle von Lourdes und verzierte das Gebäude mit Muschelschalen und Bruchstücken aus Porzellan in allen Formen und Farben.

Bruce Russell & Son Gold, Silversmith & Jewellery ▶ B 13
Le Gron, St Saviour's (nordwestlich vom Flughafen), Tel. 01481 26 80 82, www.guernseymint.com, Eintritt frei, Bus 4, 5/5A
Die Juwelierwerkstatt mit Verkauf ist ein beliebtes Ausflugsziel, mit dekorativem, gepflegtem Park und gutem Restaurant-Café. ▷ S. 92

12 | Unterwegs auf dem Küstenpfad – zur Moulin Huet Bay

Karte: ▶ D–E 13 | **Länge:** ca. 9 km | **Rückfahrt:** Bus 5, 6 (South), 7

Auf dem gemütlichen, mit zahlreichen Bänken bestückten Küstenpfad rund um die Südostspitze der Insel kann man einen der schönsten Abschnitte der Küste von Guernsey erwandern, durch blumenreiche Waldtäler und mit Aussichten auf einladende Badebuchten wie Moulin Huet Bay.

Die Teerstraße entlang der Havelet Bay in St Peter Port endet am Eingang der 1861 als Abkürzung zur Soldier's Bay gebauten **La Vallette Tunnels** 1, die von den deutschen Besatzern für ihre Zwecke umgerüstet wurden. Heute teilen sich das **La Vallette Underground Military Museum** und das **Guernsey Aquarium** die Tunnel.

Bastion Fort George

Links vom Aquarium führt eine Treppe auf die Klippe Richtung: »Cliff Path & South Coast«. Man passiert eines der Tore zu **Fort George.** Die 1780–1812 als Vorzeigeobjekt gegen die befürchtete französische Invasion angelegte Festung diente den Besatzern im Zweiten Weltkrieg als Radarstation. Durchquert man das Tor, kann man von der **Clarence Battery** 2 (frühes 20. Jh.) mit Originalkanonen aus dem 18. und 19. Jh. die wunderbare Aussicht auf die Nachbarinseln Sark, Herm und manchmal Alderney (ganz links) genießen.

Militärgeschichte am Wege

Hinter den Ruinen wendet man sich an der Weggabelung links, weiter den Pfad entlang, Richtung Südküste. Ein Abzweig nach links führt auf Treppenstufen hinunter zur **Soldier's Bay** `3`, deren Name ›Soldatenbucht‹ sich von der nahe gelegenen Garnison Fort George ableitet. In der Soldier's Bay kommt bei Ebbe ein Kies- und winziger Sandstrand zum Vorschein.

Danach steigt der Weg langsam an, rechts begleitet von den verfallenden, efeubewachsenen Mauern des einstigen Forts. Ein Stück weiter gelangt man auf die von rechts kommende Privatstraße La Corniche, die von Villen mit üppigen Gärten gesäumt ist, darüber das ›Villenviertel‹ Fort George. Man folgt ihr ein ganzes Stück entlang nach links, bis das Ende der Sackgasse erreicht ist, und nimmt daneben ein Pfad geradeaus. Er folgt dem Grundriss einer eckigen Bastionsmauer. Dahinter führt ein Abzweig nach rechts zum **Militärfriedhof** `4` der britischen Armee, wo auch 111 deutsche Soldaten des Zweiten Weltkriegs bestattet wurden. Von hier bietet sich ein schöner Blick nach Herm.

Blumenreiche Waldwege

Hält man sich auf dem Klippenpfad Richtung Fermain Bay, gelangt man bald in einen romantischen Wald aus knorrig gewachsenen, dunklen Steineichen. Im milden Klima der Inseln gedeihen diese immergrünen Bäume der mediterranen Zone sehr gut. Der Wald – auch Laubbäume stehen hier – ist bekannt als **Bluebell Wood** `5`. Im April/Mai breitet sich ein blauer Teppich von Hasenglöckchen *(bluebells)* und anderen Frühjahrsblumen aus.

Es geht treppauf und treppab durch hügeliges Gelände und streckenweise, wo es offener wird, zwischen hohen Fuchsienhecken hindurch. Immer wieder laden Bänke zum Ausruhen und Genießen der Aussicht aufs Meer und die anderen Inseln ein. Links nach unten

führt ein Abstecher Richtung **Ozanne Steps** `6`. Über hohe, steile Treppen gelangt man hinab bis ans Wasser (bei Flut). Der Waldpfad erreicht bald eine Kreuzung, links geht es zum kleinen Hafen Le Becquet hinunter (Schild »The Moorings«). Rechts käme man zur Hauptstraße St Peter Port–St Martin, über Stufen erreicht man geradeaus den (geteerten) Fußweg und dann die Teerstraße nach Fermain Bay.

Wie auf der Postkarte

Fermain Bay `7` ist mit ihrem flachen Wasser gut für Kinder geeignet, und bei Ebbe kommt ein schöner Sandstrand zum Vorschein. Deshalb wird die Bucht viel von Familien besucht. Man kann Liegestühle mieten und ein Sonnenbad nehmen. In der Fermain Bay steht ein besonders schönes Exemplar eines inseltypischen, zierlichen runden **Martello-Turms.** Wer den Weg in der Fermain Bay beenden will, erreicht entlang des tiefen Tals, das der in die Bucht mündende Wasserlauf gebildet hat, die Busroute an der Hauptstraße. Dabei kann man dem Pfad rechts parallel der vom **Tea Room** hinaufführenden Teerstraße folgen. Der Waldpfad endet am **Fermain Valley Hotel** `1`, von dem es nur noch 100 m auf der Teerstraße bis zur Hauptstraße mit Busverkehr sind.

Eine wildromantische Etappe

Weiter auf dem Küstenpfad hinter der Fermain Bay wird es wildromantisch. Nach Überqueren des gleichnamigen Baches steigt der Weg die Klippen über Stufen an. Nun weist der Wegstein Richtung St Martin's Point bzw. Bec du Nez/Marble Bay. Es gibt zwei Möglichkeiten: Auf der Inlandvariante (»Calais/St Martins Pt.«) geht es auf der südlichen Talseite links hoch über das private Gelände des Mont Frié-Anwesens und an dessen Mauer vorbei wie-

Übrigens: Die Water Lanes auf Guernsey sind wichtige Elemente des uralten Entwässerungssystems auf der Insel. Sie helfen nach starken Regenfällen, das Wasser in steilem Gelände geordnet zu Tal zu leiten. Heute begleiten sie häufig romantische Wander- oder Reitwege, schattige Hohlwege, neben denen in schmalen Kanälen das Wasser plätschert.

der auf den *cliff path*. Von dem küstennäheren Weg durch offenes, von Farnkraut, Geißblatt und Stechginster überwuchertes Gelände ist ein Abstecher zur Felsnase **Bec du Nez** 8 mit einem kleinen Fischerhafen möglich.

Farbenspiel in Stein

Nachdem sich die beiden Wege – Inland- und Küstenpfad – wieder vereint haben, ist bald der Abzweig zur **Marble Bay (Le Pied du Mur)** 9 erreicht. Die ›Marmorbucht‹ erhielt ihren Namen nach dem hier zutage tretenden, von Quarzadern durchzogenen Gestein, das an Marmor erinnert. Zu einer kleinen Anlegestelle in der winzigen Nebenbucht **La Divette** führt ein mit etwas Kletterei verbundener Abstecher, die Stelle ist bei Flut zum Baden gut geeignet. Oberhalb der Marble Bay beginnt der **Pine Forest** 10 aus mächtigen Seekiefern. Hinter der dunkelgrünen Silhouette der Bäume bietet das im Sonnenlicht türkisgrün schimmernde Meer einen geradezu mediterranen Anblick.

Umbrandete Südostspitze

Folgt man beim steinernen Wegweiser »National Trust of Guernsey« den Stufen hinauf, erreicht man die Jerbourg Road (Bushaltestelle) nahe der weithin sichtbaren **Doyle Column** 11. Die Säule wurde zu Ehren des Lieutenant

Governor Doyle errichtet wurde. Er hatte u. a. für den ›Anschluss‹ der Insel Vale im Norden an Guernsey durch Auffüllen der Meerenge gesorgt. Die Säule war von den deutschen Besatzern gesprengt worden, wurde aber nach dem Krieg wieder errichtet. Wer mag, kann aber auch noch ein paar hundert Meter weiter bis zum äußersten südöstlichen Punkt von Guernsey, **St Martin's Point** 12, mit dem ferngesteuerten Leuchtturm weitergehen (Länge vom Start in St Peter Port bis hierher: 4 km).

Eine felsenreiche Bucht

Wer nicht den Jerbourg Point umrunden will, geht an der Doyle Column ein Stück auf der Straße und steigt am Parkplatz gegenüber der Doyle Column wieder in den *cliff path* ein. Weiter auf dem Küstenpfad Richtung Petit Port bieten sich gute Gelegenheiten zur Vogelbeobachtung. Während der Brutzeit von Ende Mai bis August kann man mit dem Fernglas die auf den unerreichbaren Felsinseln **Pea Stacks** 13 lebenden Seevögel beobachten. Der Weg führt zwischen hohen Schlehenhecken auf der Ostseite der großen **Moulin Huet Bay** entlang. Damit ist die windumtoste Jerbourg-Halbinsel umrundet und voraus sieht man wieder die Doyle Column aufragen.

Der Klippenpfad führt dann nach Westen weiter, oberhalb von Moulin Huet, im Frühjahr und Spätsommer durch Wolken von Stechginsterblütenduft. Unterhalb liegt die bei Ebbe sandige Bucht **Petit Port** 14, steile Treppen führen hinab. Am Westende der Bucht, Richtung Icart Point, kommen die **Dog and Lion Rocks** ins Blickfeld, deren bizarre Form an Hund und Löwe erinnert. Der Küstenpfad biegt landeinwärts in einen Taleinschnitt. Geradeaus führt der Weg durch ein Sperrgatter auf die Straße Mont Durand. Der Küstenpfad verläuft aber links hinunter über Stufen und quert das Tal.

Auf der geschützten Talseite läuft man durch ein dichtes Spalier aus Schlehengebüsch, das schließlich in Wald aus Steineichen und Ahorn übergeht. Der nun erreichten Asphaltstraße folgt man ein kurzes Stück. Links hinab geht es dann an einem Bach entlang, und durch eine Autosperre gelangt man wieder auf einen Pfad, der an efeuüberwachsenen Mauern und unter großen, alten Steineichen entlang bis zu einem Aussichtspunkt verläuft.

Wo Auguste Renoir malte

Der Weg stößt auf eine kleine Asphaltstraße, die Zufahrt zur **Vier Port Bay** 15 auf der Westseite der Moulin Huet Bay, eine bei Ebbe zum Baden geeignete Bucht, wenn auch mit mehr Kies und Felsen als Sand. Der schmale Teerweg führt abwärts, vorbei am **Moulin Huet Tea Room** 4 , zu jener Stelle (mit Plattform und Bank), wo Auguste Renoir 1883 eines seiner berühmten Gemälde der Bucht gemalt haben soll — der bequemste Zugang zur Moulin Huet Bay und ihren Nebenbuchten.

Mühlental und Water Lane

Im alten Mühltal der Wassermühle Moulin Huet, die der gesamten Bucht den Namen gab, führt die Straße hoch zum Parkplatz und weiter zur **Moulin Huet Pottery** 16 . Vom Parkplatz verläuft rechts am ehemaligen Mühlgraben eine idyllische Water Lane (s. S. 90). Man spaziert hügelaufwärts an schönen alten Granithäusern und aus Bruchsteinen gemauerten Viehtränken *(abreuvoirs)* und Brunnen vorbei ins Landesinnere zur alten Mühle des Sausmarez Manor (Old Mill, Bus 5, 6 und 7).

Infos

Hinweis: Eine Aufteilung in Etappen mit Unterbrechungen in Fermain Bay und Jerbourg ist möglich (Rückfahrt per Bus).

La Vallette Underground Military Museum: Tel. 01481 72 23 00, Mitte März–Okt. tgl. 10–17 Uhr, 3,50 £. Militaria u. a. aus der deutschen Besatzungszeit.

Guernsey Aquarium: ganzj. Mo–Sa 10–18, So 10–17 Uhr, 4,50 £. Rund 40 Aquarien und Terrarien mit tropischen und einheimischen Fischen, Reptilien und Amphibien.

Moulin Huet Pottery 16 : Mo–Sa 9–17, So 10–12 Uhr, Eintritt frei

Essen und Trinken

Einkehren lässt sich im **Tea Room** in der Fermain Bay, **Fermain Valley Hotel** 1 oberhalb der Fermain Bay, **The Auberge** 2 (s. S. 86) und **Hotel Jer-** **bourg** 3 auf der Halbinsel Jerbourg sowie **Moulin Huet Tea Room** 4 .

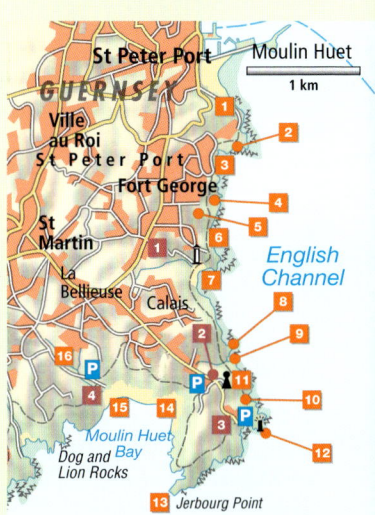

St Saviour's Church ▶ B 12

Bus 4

Malerisch über einem tiefen Tal thront die St Saviour's Church, die im Wesentlichen aus dem 14./15. Jh. stammt. Ihr 35 m hoher, zinnengeschmückter Kirchturm diente den deutschen Besatzern als Ausguck. Ein romantischer Pflasterweg führt hinab ins grüne Tal zum Restaurant Auberge du Val.

Wohnen und Speisen im stillen Tal – **Auberge du Val:** St Saviour's, Tel. 01481 26 38 62, www.aubergeduval guernsey.com. Neun Zimmer, DZ ab 80 £ (Mai–Sept.), sonst ab 35 £/Person. Im Restaurant wird leichte Küche serviert, viel Salat und Gemüse aus eigenem Anbau (der Kräutergarten ist zu besichtigen), dazu Wild- und andere Fleischgerichte sowie Fisch (3-Gang-Lunch-Menü 9,95 £, sonst 10–25 £).

St Peter in the Wood

▶ B 12–13

Bus 5 und 4 (Flughafen)

Die Gemeinde St Peter in the Wood, ›Sankt Peter im Wald‹, trägt den Namen im Unterschied zur Hafenstadt St Peter Port. Wie in einigen mittelalterlichen Kirchen auf Guernsey wurden auch in der **Parish Church St Peter in the Wood** prähistorische Menhire mitverbaut. Einer davon ragt außen waagerecht aus der Nordostwand des Chors. Im Innern der weitgehend im 14. und 15. Jh. gebauten Kirche fallen die schöne Holzdecke und der ebenfalls hölzerne Fußboden auf, der nach Osten stark ansteigt. Der 35 m hohe Glockenturm enthält 13 Glocken, darunter das größte Glockenspiel der Kanalinseln.

Apartments in der Mühle – **The Granary:** Rue de Quanteraine, St Peter in the Wood, Tel. 01481 26 59 44, www. thegranaryselfcatering.com. Drei erstklassig ausgestattete Apartments, stilvoll eingerichtet, im umgebauten Getreidespeicher der hübschen historischen Mühle – so ruhig, dass man nur das Plätschern des Baches hört. 4 Personen 420–990 £/Woche.

Pleinmont-Halbinsel ▶ A 13

Bus Nr. 7/7A

An der Westküste der Halbinsel Pleinmont thront ein von den deutschen Besatzern hinterlassener Betonturm mit horizontalen Schlitzen. Der von der Guernsey Occupation Society restaurierte Peilstand **Pleinmont Tower** von 1942 ist zu besichtigen (Tel. 01481 23 82 05, April–Okt. Mi, So 14–17 Uhr, März und Nov. 1x wöchentl.).

An die strategische Bedeutung der Südwestspitze von Guernsey erinnern die Reste der Festung **Fort Pezeries** (17. Jh.). Im 19. Jh. wurde die Festung sogar nochmals ausgebaut. Der Pfad führt hinunter zu der rätselhaften Kreisformation **La Table des Pions.** Noch bis zum 19. Jh. wurde dieser ›Runde Tisch‹ bei der traditionellen Zeremonie benutzt, bei der einmal im Jahr Wege und Straßen der Insel inspiziert und gegebenenfalls der Rückschnitt der Hecken angeordnet wurde, die sogenannte *Branchage*. Hier, am Ende der Route, ruhte man nach getaner Arbeit aus und nahm eine Mahlzeit ein.

Der Westen

Beginnend mit der gut 2,5 km langen Rocquaine Bay führt die Küstenstraße entlang schöner, familienfreundlicher Badebuchten mit flachem und feinem Sandstrand. Hier bieten sich auch die besten Surfmöglichkeiten auf der Insel.

Rocquaine Bay ▶ A 12–13

Bus 5, 7/7A

In der ›felsigen Bucht‹, Rocquaine Bay, deren Sandstrand nur bei Ebbe zum

Nur bei Ebbe liegen die Boote vor dem Fort Grey Shipwreck Museum auf dem Trockenen

Vorschein kommt, sammelt sich stets viel Tang an, besonders im Süden. Hier liegen auch zahlreiche Fischerboote. In der südlich anschließenden, geschützten **Portelet Harbour** ist das Baden am angenehmsten und der Blick auf **Fort Grey** und **Lihou** (direkt 13 ▶ S. 94) am schönsten.

Hotel mit Meerblick – **Imperial Hotel:** Rocquaine Bay, Torteval, Tel. 01481 26 40 44, www.imperialinguernsey.com. 17 Zimmer, viele mit Meerblick (Zuschlag), schöne Lage nahe Pleinmont, 38–62,50 £ pro Person.

Strickwaren einkaufen – **Le Tricoteur:** Demi Rocher, Rue Du Rocher, abseits Perelle Bay (neben Guernsey Pearl, Fort Grey gegenüber), Mo–Fr 8.30–17, Sa 8.30–16 Uhr. Echte Guernsey-Pullis aus eigener Fertigung.

Ste Apolline's Chapel
▶ B 12
La Grande Rue, St Saviour, April–Sept. 9–20, Okt.–März 9–15 Uhr, Bus 5

Die unscheinbare kleine Kirche wurde zum ersten Mal 1394 urkundlich erwähnt, damals noch als Sainte Marie de la Perelle. Das später der Schutzpatronin der Zahnärzte geweihte Bethaus ist die einzig erhaltene der rund 20 Inselkapellen aus dem Mittelalter. Durch ein niedriges Portal betritt man die von nur drei Fenstern erhellte Kapelle, in deren Wänden riesige Monolithen verbaut sind. Drinnen kann man Reste eines Freskos aus dem 14. Jh. mit einer Darstellung des Abendmahls betrachten.

Vazon und Cobo Bay
▶ B–C 11–12
Bus 3/3A, 7/7A

Mit ihrem 2 km langen weißen Sandstrand ist die **Vazon Bay,** die auch erstklassige Surfmöglichkeiten bietet, vielleicht der schönste Ort zum Sonnenbaden auf Guernsey. Auf der Landzunge zwischen beiden Buchten liegt **Fort Hommet Gun Casemate,** ein restaurierter Geschützstand aus ▷ S. 96

13 | Leben im Takt der Gezeiten – Ausflug auf die Insel Lihou

Karte: ▶ A 12 | **Anfahrt:** Bus Nr. 7 bis L'Eree oder Nr. 5 (South)

Nur bei besonders niedriger Ebbe kommt man ganz trockenen Fußes auf die kleine Insel Lihou. Unterwegs entdeckt man tangbewachsene Steine und kleine Meerwassertümpel, wo Seeanemonen, Krabben und Krebse den Wechsel der Gezeiten überleben. Die Insel selbst bietet eine Fülle spezieller, dem Meer angepasster Flora und Fauna.

Zum Feentanzplatz

Auf den Resten des Martello-Turms **Fort Saumarez** 1 am Nordende der Rocquaine Bay errichteten die deutschen Besatzer einen markanten Beobachtungsturm (Privatbesitz), den man auf dem Weg zum Übergang nach Lihou links liegen lässt. Dann passiert man einen mit Steineichen bewachsenen Hügel. Er birgt Geheimnisvolles: die ›Feenhöhle‹ **Creux ès Faies** 2. Das 9 m lange, rund 3800 Jahre alte Ganggrab besitzt noch zwei Originaldecksteine. Bei der Freilegung im Jahr 1840 fand man Keramik und Pfeilspitzen aus Flint. Von hier sieht man landeinwärts hinüber zum **Trepied-Dolmen** 3 – die ursprünglich von Erdhügeln verborgenen Ganggräber in erhöhter Positionen waren häufig durch Blickachsen miteinander verbunden. Von diesem über 5 m langen bis zu 6000 Jahre alten Ganggrab blieben nur einige Träger- und Decksteine erhalten.

Leben in der Brandungszone

Wo der **Causeway** 4 nach Lihou beginnt, hängt ein Tidenplan und gibt an, wann der Übergang möglich ist. Zumindest auf dem Hinweg hat man Zeit, um die rund 200 Tangarten zu betrachten, die Experten auf dem Damm gezählt haben. Näheres Hinsehen erfordert auch die Flora an Land: Auf den Felsen wachsen Flechten und Moose, in den Ritzen entdeckt man wind- und salzfeste Pflanzen, die rosa Blüten der Grasnelken oder den Venusnabel, im Gras eine winzige im Herbst blühende Blaustern-Art. Die Brandungszone mit immer reichem Nahrungsangebot lockt Seevögel wie Austernfischer und Steinwälzer an den felsigen Strand, die benachbarten Inseln Lihoumel und Lissroy sind für sie wichtige Brutgebiete. Beim Gang über die Insel kann man den Blick auf Brandung und Riffe in der Ferne genießen, gelegentlich zeigen sich sogar Delfine und Robben.

Übrigens: Lihou sowie auf dem Festland L'Eree Headland und L'Eree Shingle Bank bilden zusammen ein 426 Hektar großes Schutzgebiet nach der Ramsar-Konvention für Feuchtgebiete. Auf dem kargen Boden der Strandterrassen wachsen Gelber Hornmohn, Hasenschwanzgras und Gelbdolde. In der Gezeitenzone hinter dem Kieswall der Shingle Bank und an der Brackwasserlagune La Claire Mare suchen Watvögel nach Nahrung.

Finsteres Mittelalter

Im 19. Jh. brachten Ausgrabungen mittelalterliche Mauerreste zutage. Sie gehörten zum **Priory of St Mary** 5 . Bereits 1156 wird das Kloster in einer päpstlichen Bulle als Besitz der Benediktinermönche von Mont St Michel bestätigt. Bis Ende des 16. Jh. bestand die religiöse Einrichtung. Von der englischen Krone konfisziert, ging sie in den Besitz des Eton College über. Im 20. Jh. bestand eine Fabrik, die aus Tang Jod gewann, dann nutzten die Besatzer das Haus als Ziel für Schießübungen. Lihou ist seit 1995 in Besitz der States of Guernsey. Das renovierte Haus können Gruppen als Unterkunft mieten.

Schön, aber gefährlich

Zurück auf dem Festland, den Gefahren des Meeres um Haaresbreite entronnen, entdeckt man am Parkplatz das **Prosperity Memorial** 6 für die Havarie der Prosperity, die hier 1974 im Sturm sank. So schön die Westküste ist – die von Riffen übersäten Gewässer gleichen einem Schiffsfriedhof, auch wenn der Hanois-Leuchtturm seit 1862 die Schifffahrt auf der viel befahrenen Wasserstraße warnt.

Infos

Internet: www.lihouisland.com
Der Überweg dauert ca. 10–15 Min. Tidenplan (am Causeway angeschlagen) beachten! Im Tourist Information Centre in St Peter Port kann man Termine für geführte Touren erfragen.

Sehenswert in der Nähe

2 km sind es bei Ebbe am Strand entlang der Rocquaine Bay zum Martello-Turm **Fort Grey** 7 , wo das **Shipwreck Museum** von Tauchern aus den Wracks geborgene Gegenstände zeigt, z. B. Weingläser, Musketen und Kanonen aus der 1777 gesunkenen

HMS Sprightly (www.museums.gov.gg, April–Okt. tgl. 10–17 Uhr, 3 £).

dem Zweiten Weltkrieg (April–Okt. Di, Sa 14–17 Uhr, 2,50 £).

Der im Norden an die Vazon Bay anschließende Küstenabschnitt ist wild und zerklüftet, mit weit ins Meer hinausreichenden spitzen, aber niedrigen Felsenriffen. Lion Rock und Konsorten bilden eine wüste Felslandschaft westlich der **Cobo Bay.** Es empfiehlt sich ein Halt, um auf einem Pfad einen Abstecher zum Aussichtspunkt bei **Fort Le Guet** zu machen. Von oben öffnet sich der Blick über die weiße Sandbucht.

Übernachten

Golfhotel – **Hotel La Grande Mare:** Vazon Bay, Tel. 01481 25 65 76, www.lagrandemare.com. Sehr ruhige Lage nahe der Westküste mit 25 Zimmern und Apartments für Selbstversorger, DZ 170–180 £.

Übernachten an der Seafront – **Cobo Bay Hotel**: Cobo, Castel, Tel. 01481 25 71 02, www.cobobayhotel.com. Wegen der stark befahrenen Küstenstraße nicht unbedingt ruhig, doch viele der in Größe und Komfort unterschiedlichen 34 Zimmer im toprenovierten Hotel haben schönen Blick auf die anrollenden Wellen der Cobo Bay EZ 49–85 £, DZ 79–185 £ (mit *Sea view* ab 99 £).

Essen und Trinken

Pub Food – **Crabby Jacks Bistro & Bar:** Vazon Bay, Tel. 01481 25 74 89, www.crabbyjacksrestaurant.com. Am Strand, sehr populär bei Familien, Pasta, Nachos, Seafood, Salate, 10–15 £.

Kuchen und Tee – **Cobo Tea Room:** neben Cobo Bay Hotel (s. oben), Tel. 01481 25 33 66. Selbst gebackene Kuchen in einem Cottage mit Blick auf die Bucht.

Sport und Aktivitäten

Surfen – **Guernsey Surf School:** Vazon Bay, Tel. 07911 71 07 89, www.

guernseysurfschool.co.uk. März–Mitte Okt. Kurse und Einzelstunden.

Golfplatz – **La Grande Mare Golf Course:** www.guernseygolfschool.com. 18-Loch-Platz und Golfschule beim Hotel La Grande Mare (s. oben).

Grandes Rocques ► C 11

Bus 3/3A, 7/7A

Die Landzunge trägt ihren Namen zu Recht: ›Große Felsen‹ ragen massiv mit unzähligen Zacken und Zinnen in die Bucht. Die in derart romantischer Lage errichtete schmucke Villa diente im 19. Jh. den Kindern des Lord de Saumarez als Schulhaus, 1940–45 quartierte sich das deutsche Inselkommando dort ein, heute kann man die angrenzenden Apartments mieten.

Luxusapartments – **Chateau les Grandes Rocques Apartments:** Castel, Tel. 01481 25 60 97, www.self-cateringguernsey.com. Vier komplett ausgestattete Luxusapartments mit 2–4 Schlafzimmern in toller Lage auf der Halbinsel zwischen zwei Sandbuchten. 425–1950 £/Woche.

Saumarez Park ► C 11

www.nationaltrust-gsy.org.gg, März–Ende Okt. tgl. 10–17 Uhr, 4,50 £, Bus 2/2A und 3/3A, 3B

Der Park des ehemaligen Anwesens von Lord de Saumarez ist öffentlich zugänglich. Am Rand des Parks ist in alten Bauernhofgebäuden das **Guernsey Folk Museum** eingerichtet. Historische Werkzeuge und Geräte geben ein anschauliches Bild der alten Handwerkskünste und des früheren Lebens auf den Inseln, das von Landwirtschaft und Fischfang geprägt war. Die Apfelweinherstellung ist ebenfalls Thema: es gibt eine alte Cider-Presse und eines der riesigen Steinräder zum Zerkleinern der Äpfel, wie man sie noch häufig in den Vorgärten auf Guernsey und Jersey sehen kann. Vom Saumarez Park kommt man auf einem 1,5 km langen Fußweg zur Cobo Bay.

Ste Marie du Câtel (Castel Church) ▶ C 12
Bus 5/5A (South)

Die Kirche **Ste Marie du Câtel** steht an einem der höchsten Punkte der Insel mit weitem Blick über den Norden aufs Meer. Der Name Câtel oder Castel (Kastell) weist auf eine ehemalige Festung hin, eine römische, wie Ziegelfunde nahelegen. Außen an der Kirche kann man die recycelten römischen Ziegel gut erkennen. Im 19. Jh. entdeckte man unter der Tünche im Innern Fresken aus dem 13. Jh. Die Szene mit drei berittenen Falknern und drei Skeletten bezieht sich auf eine mittelalterliche Moralität zum Thema Vergänglichkeit. Bereits Ende des 19. Jh. fand man, unter der Kirche vergraben, eine 2 m hohe Steinstele. Der **jungsteinzeitliche Menhir** mit weiblichen Attributen, der heute neben der Kirche steht, soll ähnlich der Grandmère du Chimquière in St Martin (s. S. 83) einem Fruchtbarkeitskult gedient haben.

Ländlich gute Küche – **Fleur du Jardin:** King's Mills Rd., Castel, Tel. 01481 25 79 96, www.fleurdujardin.com. Hotelrestaurant im traditionellen Country-Stil, lokale Spezialitäten, wie Lammbraten, Steaks, Pies. Hauptgerichte 9–22 £.

Der Norden

St Sampson ▶ E 11
Bus 6/6A, 7/7A

Zur Zeit des Granitabbaus im 19. Jh. wuchs St Sampson zur zweitwichtigsten Hafenstadt, nach St Peter Port. Heute ist **The Bridge** das zweitgrößte Einkaufszentrum der Insel – die ›Brücke‹ verband früher die zwei Inselteile.

Irish Pub und Musik – **Blind O'Reilly's:** South Side, St Sampson, Tel. 01481 24 45 03. Junges Publikum, regelmäßig wird (meist irische) Livemusik geboten.

L'Ancresse ▶ D–E 10
Bus 6/6A, 7/7A

Die Westseite des flachen Graslandes von Ancresse Common nimmt der 18-Loch-Dünenplatz **Royal Guernsey Golf Club** ein (Tagesmitgliedschaft bei Vorlage eines Handicap-Zertifikats, Tel. 01481 24 65 23, www.royalguernseygolfclub.com). Die Strände der Buchten **Portinfer, Ancresse** und **Pembroke Bay** sind neben Vazon und Cobo beliebte Surfspots und bei Ebbe feinsandig (s. auch S. 100).

Bungalow und Apartments – **Swallow Apartments:** La Cloture, Vale, Tel. 01481 24 96 33, www.swallowapartments.com. Ferienwohnungen in mehrstöckigem Haus und Bungalow, kleiner beheizter Pool, ruhig, deutschsprachig, Apartments und Bungalow für 2–6 Personen 217–707 £/Woche.

Oatlands Village ▶ D 11
Braye Rd., Eintritt frei, Bus 5 und 6A

Die neben den Kaminen ehemaliger Töpferöfen um einen Hof gruppierten Läden sind ein beliebtes Ausflugsziel an Regentagen. Handgefertigte Pralinen, allerlei Souvenir- und Geschenkartikel. Café-Restaurant im Wintergarten.

Vale ▶ E 10–11
Bus 7/7A

direkt 14 ▶ S. 98

Zwischen zwei Buchten – **Peninsula Hotel:** Les Dicqs, Vale, Tel. 01481 24 84 00, www.peninsulahotelguernsey.com. Großes, modernes Hotel mit allem Komfort, u. a. beheizter Außenpool; 99 Zimmer, familienfreundlich. EZ ab 72,50 £, DZ 115–155 £. Restaurant: Vier-Gänge-Dinner-Menü 18 £. *Bar menu* 8–15 £.

Karte: ▶ D–E 10–11 | **Start:** Vale Castle (Bus 6/6A oder 7/7A), zurück ab Grandes Rocques mit Bus Nr. 3/3B/3C oder 7 | **Länge:** ca. 14 km

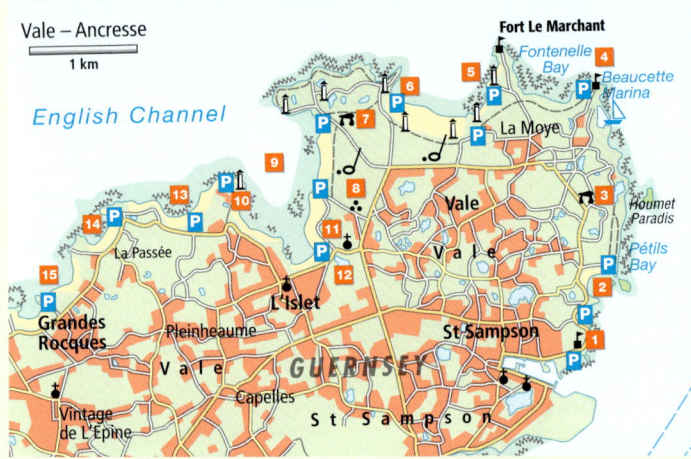

Guernseys flachen Norden lernt man zu Fuß oder per Rad am besten kennen, von Bucht zu Bucht, von Turm zu Turm. Denn Martello-Türme, markante Rundtürme, die im späten 18. Jh. gegen eine befürchtete französische Invasion gebaut wurden, säumen die Küste.

Eine mächtige Burg und eine hübsche Bucht

Die Tour beginnt nördlich von St Sampson, wo hoch über der Küstenstraße **Vale Castle** 1 liegt, zu dessen Ruinen man aufsteigen sollte. Von oben bietet sich ein schöner Blick auf die Ostküste und nach Süden über den einzigen ›Industriestandort‹ von Guernsey mit Heizkraftwerk, Öltanks und Hafenkränen. Ein Fußweg führt am Wasser entlang

bis kurz vor **Bordeaux Harbour** 2 – mit den bunten Booten und schmucken Häuschen die vielleicht hübscheste Bucht im Norden. An ihrem Nordende geht es auf Fußwegen weiter entlang der Küste mit Blick auf das Inselchen **Houmet Paradis,** das in Victor Hugos Roman »Travailleurs de la Mer« eine Rolle spielt, bis zu einem Stausee mit steilen Felswänden, ein ehemaliger Granitsteinbruch.

Wo die Tomaten in den Himmel wachsen …

Landeinwärts spaziert man zwischen verfallenden Tomatengewächshäusern und dazugehörigen Heizkaminen über kleine Sträßchen zum **Dehus Dolmen** 3, den man in einer scharfen Kurve fast übersieht (keine Parkmöglichkeit). Das 10 m lange Ganggrab mit zahlreichen Seitenkammern wird in die Jung-steinzeit, ins vierte Jahrtausend v. Chr., datiert. Sehenswert ist die nur mit viel Fantasie erkennbare eingeritzte Zeichnung eines bärtigen Mannes mit Pfeil und Bogen auf dem zweiten Deckstein von hinten, bekannt als Le Gardien du Tombeau (Lichtschalter).

Man folgt dem Sträßchen, eine verkehrsberuhigte Ruette Tranquille, weiter links, dann gleich rechts und zwischen zwei Stauseen hindurch, in die Route de la Lande Richtung **Fort Doyle** 4 (1803) an Guernseys Nordostspitze – ein beliebter Platz zum Angeln (Zugang bei Schießübungen gesperrt).

Flache Dünen und viel Wind

Nach dem Abstecher an die Nordost-spitze wendet man sich nach Westen und quert auf Pfaden die Dünen-Heide-Landschaft von Ancresse (Radfahrer auf kleinen, teils Einbahnstraßen). Viele Fußwege führen über die leicht gewell-te Heidelandschaft, dazwischen üben sich die Golfer darin, dem Wind ein Schnippchen zu schlagen. Hier steht ei-

Übrigens: Echte Martello-Türme entstanden erst ab 1804 nach dem Vorbild auf Cap Mortella auf Korsika. Dieser Turm hatte den Engländern bei der Eroberung so viele Schwierigkeiten bereitet, dass sie fortan selbst so bauten. Auf Guernsey findet man inseltypische ›Martello-Türme‹, mit etwa 12 m Durchmesser und 10 m Höhe kleiner und zierlicher als die später gebaute Version, genormt und streng zweckgebunden eingerichtet – und militärisch kurz und bündig durchnummeriert.

ne ganze Kette von **Martello-Türmen** im Abstand von etwa 250 m – durch-nummeriert von 5 bis 10 und flankiert von Fort Marchant und Fort Pembroke. Man wandert entlang der kiesigen **Ancresse Bay** 5 und der weit ge-schwungenen **Pembroke Bay** 6 mit schönem Sandstrand und Beach Café. Sie ist zum Sonnenbaden und Schwimmen beliebt bei Familien mit kleinen Kindern. Surfer kommen ebenfalls gern in die vor Ostwinden geschützte Bucht.

Militärgeschichte zum Anfassen: La Rousse Tower bewacht Guernseys Norden

Golfplatz mit Überraschungen

Ancresse Common ist eine grüne Augenweide mit eingestreuten prähistorischen Besonderheiten. Der **La Varde Dolmen** 7 steht nahe dem 17. Loch nordöstlich der Mont Guet Road. Das mit 12 m Länge und 3,5 m Breite eindrucksvolle Ganggrab ist nach La Hougue Bie auf Jersey (s. S. 58) das größte der Kanalinseln und ebenso alt, über 5000 Jahre. Eine Taschenlampe sollte man für die Erkundung bei sich haben. Noch früher datieren die Reste der Großsteinanlage **Les Fouaillages** 8, wo die bislang ältesten Grabfunde auf der Insel gemacht wurden. Archäologen entdeckten dort 6000 Jahre alte Siedlungsspuren. Der 1999 links dahinter aufgestellte **Millenniumstein** nimmt sich dagegen ausgesprochen jugendlich aus.

Lückenlose Verteidigung

Parallel zur Straße verläuft ein Fußweg entlang der großen, steinigen Bucht **Le Grand Havre** 9 – im frühen 19. Jh. endete Guernsey hier. Auf alten Karten kann man noch feststellen, dass die Insel ursprünglich aus zwei Teilen bestand: Clos du Valle und Guernsey. Der Graben dazwischen, Braye du Valle, wurde erst 1805 auf Veranlassung des Inselgouverneurs Doyle zugeschüttet. Die strategisch wichtige Stelle bewacht Tower No. 11, **La Rousse Tower** 10, aus dem Jahr 1779. Der einzige Zugang liegt hoch oben in der dicken Mauer, damals nur über eine Strickleiter erreichbar. Im unteren Stockwerk lagerte die Munition, im oberen lebten die etwa zehn Mann Besatzung – zwangsverpflichtete Inselbewohner – und ein Offizier. Auf der Turmplattform darüber stand die Kanone. Vom sicheren Turm konnten Schiffe angegriffen und vertrieben werden: Den La Rousse Tower umgibt eine mit Kanonen bestückte Batterie. Etwas darunter steht das Pulvermagazin mit einer kleinen Ausstellung zum Thema.

Zur **Vale Church** 11, deren dicker Kirchturm trutzig östlich von Grand Havre aufragt, kamen die Gläubigen einst per Boot. Der Altarraum aus dem 12. Jh. ist der älteste Teil der heutigen Kirche. **Vale Pond** 12, ein verlandender Teich gegenüber Vale Church, ist der Rest des Grabens zwischen Clos du Valle und Guernsey und heute Rastplatz für Zugvögel. Ein Portal führt auf das von einer Mauer umgebene Gelände.

Buchten-Parade im Westen

Eine kleine Bucht öffnet sich hinter Dünen halbrund nach Norden: **Port Grat** 13, bei hoher Flut sehr gut zum Schwimmen, bei Ebbe mit viel Sand. Die nur bei Ebbe sandigen, aber felsübersäten Nachbarbuchten **Port Soif** 14 und **Portinfer Bay** 15 locken Schwimmer vor allem bei steigender und hoher Flut. Naturfreunde interessiert die karge Heide mit Gelbem Hornmohn, Strauchpappel, Meerkohl und Wildfenchel.

Infos

La Rousse Tower: Ostern–Mitte Okt. tgl. ab 9 Uhr, im Winter Mi, Sa, So 10–16 Uhr, Eintritt frei.

Wanderer und Radler aufgepasst

Ab Ancresse kann man die Tour per Bus abfahren (Bus 7/7A). Radfahrer müssen ab La Rousse Tower die viel befahrene Küstenstraße benutzen.

Essen und Trinken

Beach Cafés an der Pembroke Bay und Le Grand Havre sowie nahe La Rousse Tower, dort auch **Restaurant** (im Peninsula Hotel, s. S. 97).

Alderney und Sark

Alderney ▶ M–O 1–2

Alderneys wilde Schönheit ist nicht jedermanns Geschmack. Wer aber etwas für raue Natur übrig hat und Einblick in den Alltag einer Insel-Community bekommen will, sollte sich den Ausflug leisten – zumal allein der Flug auf die nördlichste Kanalinsel in kleinen Propellermaschinen ein Erlebnis ist.

St Anne

Vom Flugplatz sind es zu Fuß etwa 10 Min. bis in die Inselhauptstadt St Anne. Am **Marais Square** **1** steht vor dem heutigen Pub Marais Hall die historische Viehtränke, wo in guten alten Zeiten die Rinder getränkt und der Viehmarkt abgehalten wurde. Abwärts durch die kopfsteingepflasterten Gassen von St Anne mit weiß und pastellfarben getünchten, niedrigen Häuschen geht es, am Pub Rose & Crown vorbei, die Gasse Le Huret entlang bis zur leuchtend gelben Telefonzelle in der High Street. Oberhalb ragt der alte **Clock Tower** **2** auf, der Uhrturm der alten Dorfkirche, die nach dem Bau der neuen Kirche abgerissen wurde.

Nebenan im **Alderney Museum** **3** wird die Geschichte Alderneys von der Steinzeit bis zur deutschen Besatzung nachgezeichnet. Zu sehen sind u. a. Funde aus einem Wrack aus der Zeit von Elizabeth I., das 1992 entdeckt wurde (www.alderneysociety.org, tgl. 10–12, Juni–Sept. auch Mo–Fr 14.30–16.30 Uhr, ab 18 Jahre 2 £).

Ein Abstecher von der Victoria Street führt zur **St Anne's Church** **4** von 1850. Die hübsche Kirche aus lokalem grauen Granit, abgesetzt mit hellem Kalkstein, strahlt eine friedliche Atmosphäre aus. Der Architekt, George Gilbert Scott (1811–78), war ein bekannter Spezialist in Sachen Gotik, der u. a. die Hamburger Nikolaikirche entwarf.

Weiter bergab entpuppt sich die **Victoria Street** als ›Shoppingmeile‹ der Insel. Hier befindet sich auch das Postamt – Alderney gibt eigene Briefmarken heraus. Am Ende der Victoria Street geht es rechts bergab zum Hafen Braye.

Braye Harbour und Braye Bay

An der Straße zum Hafen erstreckt sich eine Häuserzeile parallel zur Braye Bay. In den Lagerhäusern hortete man im 18. Jh. die ›Erträge‹ aus Freibeuterei und Piraterie. Die **Braye Bay** **5** mit makellos weißem Sandstrand hinter Dünen gehört zu den beliebtesten Ba-

---

Der britische Land-Art-Künstler Andy Goldsworthy hinterließ auf der Insel seine Landmarken: **Alderney Stones,** Kugeln mit 1,80 m Durchmesser, zu sehen an prominenter Stelle, etwa Fort Albert oder Longis Bay. Hergestellt wurden sie aus Alderneys Erde inklusive dessen, was gerade dort herumlag (www.artandislands.com/alderney).

Alderney

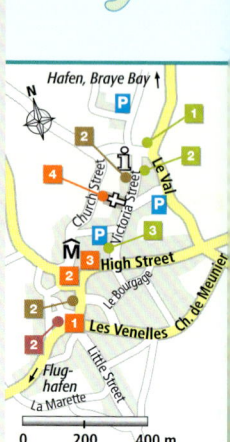

Hafen, Braye Bay

debuchten der Insel, besonders bei Familien mit Kindern.

Im kleinen, von hohen Kaimauern geschützten **Braye Harbour** 6 werden die Im- und Exportgüter von Alderney abgefertigt, landen die Fischer ihre Fänge an oder arbeiten an ihren Booten. Hummerkörbe liegen auf dem Kai und im Wasser dümpeln die bunten Kutter. Wird es bei der Hafenbesichtigung zu kalt und windig, kann man auf eine Portion Fish & Chips bei **Braye Chippy** 3 vorbeischauen.

Fort Albert und Fort Doyle

Folgt man der Teerstraße Richtung Osten um die Braye Bay und biegt an deren Ende links hoch, kommt man zum **Fort Albert** 7, einer der 14 viktorianischen Festungen der Insel, die während der deutschen Besatzungszeit zu einer vor Beton strotzenden Anlage ausgebaut wurde. Hier oben öffnet sich ein herrliches Panorama auf die Bucht, den Hafen und dahinter die **Crabby Bay** mit der Festung **Fort Doyle** 8.

Saye Bay 9

Der nächste Abzweig links hinter der Straße nach Fort Albert führt zu der nach Norden gelegenen, feinsandigen Saye Bay, in der man gefahrlos baden kann. In den Dünen versteckt liegt der einzige Campingplatz der Insel.

Hammond Memorial 10

Das Kreuz und die Gedenktafeln in verschiedenen Sprachen erinnern an die Zwangsarbeiter aus ganz Europa, die zwischen 1940 und 1945 auf Alderney litten und starben. Der Ausbau der fast menschenleeren Insel zur Festung in Hitlers ›Atlantikwall‹ wurde von Baukolonnen der Organisation Todt und den Häftlingen der Konzentrationslager auf Alderney vorgenommen, die Namen wie ›Norderney‹ und ›Sylt‹ trugen. Die

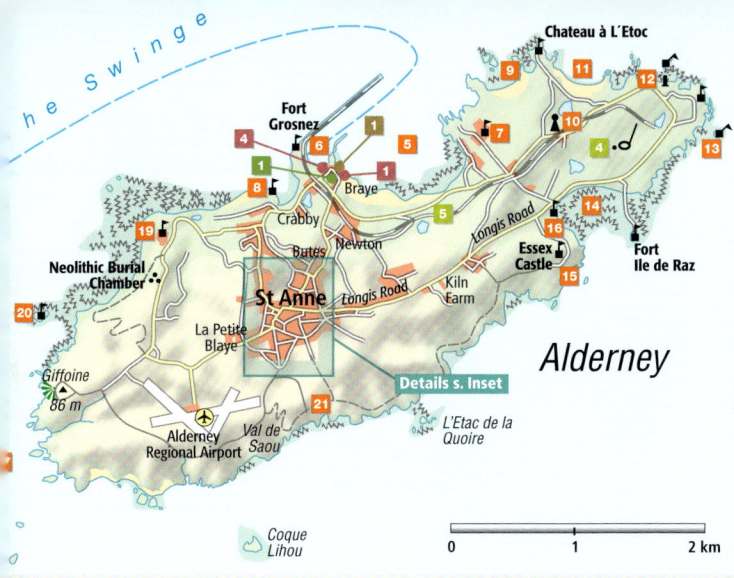

Inselbevölkerung war zuvor evakuiert worden.

Corblets Bay und Arch Bay 11
Die zwei malerischen, von hohen, schroffen Felsen eingerahmte Buchten bieten gute Bademöglichkeiten.

Mannez Lighthouse 12
Ostern und Bank Holiday sowie Juni–Sept. Sa, So 15 Uhr, 3 £
Es lohnt sich, den 37 m hohen Leuchtturm von innen zu besichtigen – was interessante Aussichten verspricht, u. a. auf die nur 20 km entfernte Atom-Wiederaufarbeitungsanlage am Cap de la Hague. Die Signalstation bewacht zwei gefährliche Meeresströmungen, die vor der Nordostecke von Alderney zusammentreffen. Auf heutigen Seekarten wird den Schiffen empfohlen, diese Meerenge zu meiden. An der äußersten Nordostspitze liegt die Ruine des **Fort Houmet Herbé** 13 malerisch in der See.

Longis Bay 14
Longis Bay ist die schönste nach Süden gelegene Badebucht der Insel, gut geschützt vor Nordwind. Neben bei Ebbe freiliegendem Sand locken Felsenbassins mit Meerestieren, die die Flut zurückgelassen hat, zur näheren Erkundung. Entlang der Bucht zieht sich eine Panzerabwehrmauer aus der deutschen Besatzungszeit. Zum **Fort Ile de Raz** mitten in der Bucht kommt man nur bei Ebbe (privat, keine Besichtigung). Südwestlich der Bucht erkennt man die **Hanging Rocks** 15, riesige Felsensäulen, die in gefährlicher Schräglage zu sein scheinen.

Am Rand der Longis Bay liegen uralte Steinmauern, die ein neueres bewohntes Gebäude umgeben, angeblich auf den Fundamenten einer römischen Festung. Bis ins 18. Jh., als der Hafen von Braye gebaut wurde, war hier ein Hafen. Archäologen fanden die Reste römischer, keltischer und normanni-

Beschaulicher Kleinstadtalltag in St Anne auf Alderney

scher Besiedlung. Der Name **The Nunnery** 16 gibt noch Rätsel auf – man sagt, es habe sich in napoleonischer Zeit um das Bordell für die Soldaten des nahen Essex Castle gehandelt.

Les Etacs 17

Kurz vor der Landung mit dem Flugzeug hat man schon Gelegenheit, in die Kinderstube der Seevögel zu blicken: die zwei vorgelagerten, vor Kot weiß leuchtenden Vogelfelsen Les Etacs mit einer Kolonie von Tausenden Basstölpeln – eine Besonderheit, so nah bekommt man Hochseevögel sonst kaum zu sehen. Per Fernglas kann man ihnen vom **Aussichtspunkt** auf den Klippen beim Sturztauchen nach Fischen zusehen. Wenn Bootstouren angeboten werden, sollte man die Gelegenheit wahrnehmen – die Tour zu den Vogelfelsen ist ein Erlebnis.

Clonque Bay und Burhou

Ein Refugium für Papageitaucher ist die lang gestreckte, flache Insel **Burhou** 18 gegenüber Clonque Bay. Die Straße windet sich, am riesigen Gebäudekomplex des verfallenden **Fort Tourgis** 19 vorbei, hinter dem links ein Fahrweg in die Clonque Bay führt. Am Ende liegt sehr malerisch, bei Flut meerumspült, **Fort Clonque** 20, das von Gruppen als Quartier gemietet werden kann. Vom Ende des Fahrwegs führt in Serpentinen der Zigzag genannte Weg den steilen Hügel hinauf bis zur Teerstraße. Durch das hübsche Tal Vau du Saou an der Südküste östlich vom Flughafen führen Pfade zum **Countryside Interpretation Bunker** 21 mit einer Ausstellung über Alderneys Natur.

Übernachten

Cottages und Apartments für Selbstversorger s. S. 15.

Schick – **Braye Beach Hotel** 1:

Braye St., Tel. 01481 82 43 00, www.brayebeach.com. Erstes Haus am Platz, toprenoviert, mit Restaurant, Wellness und herrlichem Blick auf die Bucht. 27 Zimmer ab ca. 80–103 £/Person.

Kleine Privatpension – **St Anne's Guest House** **2**: 10 Le Huret, St Anne. Tel. 01481 82 31 45, www.harbourguides.com/stannesguesthouse. Ingrid Murdoch vermietet drei Zimmer mit eigenem Bad und Blick auf ihren winzigen hübschen Garten. 40 £/Person.

Essen und Trinken, Ausgehen

Gediegen – **Georgian House** **1**: Victoria St., Tel. 01481 82 24 71, www.georgianhousealderney.com. An der Bar des netten Lokals (auch Restaurant) kommt man mit *locals* ins Gespräch.

Gutes aus dem Meer – **Marais Hall** **2**: Marais Square, ab 18 Uhr. Einfach, aber gut kommt Seafood in dieser Kneipe auf den Tisch. 8–10 £.

Hafenkneipe und mehr – **Diver's Inn** **3**: Braye St., Terrasse zur Braye Bay, drinnen am Ecktisch eine vorsintflutliche Taucherrüstung. Leckeres *bar menu* (12–14 Uhr, ab 18 Uhr). Chips 1,75 £, Koriander-Chili-Burger aus Rindfleisch von der Insel 5,95 £.

Fish'n'Chips – **Braye Chippy** **4**: am Hafen, Do–Sa 17.30–20.30 Uhr, abendlicher Treff der Skipper und Inselbewohner. Cod'n'Chips 5,75 £, Chili Burger 4,50 £. Kein Alkoholausschank.

Einkaufen

Pullover und Sportkleidung – **Channel Jumper** **1**: Braye St., www.channeljumper.com. Produkte der lokalen Strickwarenfabrik zu unschlagbar günstigen Preisen, Outdoor-Bekleidung.

Sport und Aktivitäten

Fahrradverleih – **Cycle & Surf** **1**: Les Rocquettes, Tel. 01481 82 22 86, Tagesmiete 6–9 £, je nach Saison.

Bootsausflug – **Round The Island Boat Trip** **2**: Infos im Fischladen, MacAllister's Wet Fish Shop, Victoria St. Die kleinen Boote steuern nah an die Brutfelsen der Hochseevögel heran sowie zu Robbenbänken, 25 £/Person.

Vögel beobachten – **Alderney Wildlife Trust**: www.alderneywildlife.org. Termine für geführte Touren; Infos im Alderney Visitor Centre.

Angeln – **Alderney Angling** **3**: Victoria St., www.alderneyangling.com, Mo–Sa 7.30–17 Uhr. Outdoor-Laden, Angelausrüstung und -köder.

Golf – **Alderney Golf Club** **4**: Tel. 01481 82 28 35. Erschwingliches Golfen auf 18-Loch-Platz nahe Longis Bay.

Infos und Termine

Alderney Visitor Centre: Victoria St., St Anne, Tel. 01481 82 37 37, www.visitalderney.com.

Milk-O-Punch: am ersten So im Mai Gratispunsch in allen Pubs der Insel.

Alderney Week: Anfang Aug. (erstes Aug.-Wochenende ist Bank Holiday auf Alderney) verrückte Wettbewerbe.

Alderney Wildlife Week: eine Woche im Mai. Geführte Wanderungen, www.alderneywildlife.org.

Anreise: Flüge ab Guernsey und Jersey, www.aurigny.com. Wetterabhän-

Alderney besitzt als einzige der Kanalinseln noch eine Eisenbahn. Die von einer betagten Diesellok gezogenen, leuchtend roten Waggons der **Alderney Railway** **5** – ausrangierte Londoner U-Bahn-Waggons – rattern an Sommerwochenenden von **Braye Station** über die Insel. zum aufgelassenen Steinbruch **Mannez Quarry** (Ostern–Ende Sept., Sa, So und an Feiertagen 14.30 und 15.30 Uhr, www.alderney-railway.com, 4,50 £).

Sark

Sehenswert
1. Point Robert Lighthouse
2. Harbour Hill
3. Banquette Landing
4. Derrible Bay
5. Dixcart Bay
6. Visitor Centre
7. St Peter's Church
8. La Seigneurie
9. Window in the Rock
10. Gouliot Headland
11. La Coupée
12. Sark Silver Mines
13. Venus Pool

Übernachten, Essen
1. Stock's Hotel
2. La Moinerie
3. La Sablonnerie

Einkaufen
1. Lorraine's Pottery
2. Sark Glass Take Two
3. Caraghs Chocolates

Ausgehen
1. Mermaid Tavern

Sport und Aktivitäten
1. Avenue Cycle Hire
2. AB Cycles

gig werden gelegentlich Bootsausflüge von Guernsey und Jersey sowie von französischen Häfen angeboten (www.mancheiles.com).

Sark

Tagesausflügler sollten sich viel Muße gönnen, um die versteckten Schönheiten von Sark zu entdecken. Auf der Insel bewegt man sich zu Fuß, per Pferdekutsche oder Fahrrad. Leicht hat man an einem Tag die etwa 4,5 km lange und bis zu 2 km breite Insel durchquert. Abseits der breiten staubigen ›Highways‹ führen verschwiegene Pfade zu Buchten und Aussichtspunkten.

Schon die Anreise per Schiff ist ein Erlebnis, vorbei an Herm und Jethou entlang der höhlenreichen Küste von Sark, bis man unterhalb vom Leuchtturm **Point Robert Lighthouse** 1 (nicht zu besichtigen) den tidenunabhängigen heutigen Haupthafen von Sark erreicht.

Im **Maseline Harbour** angekommen, passiert man einen Tunnel, hinter dem Traktortaxis warten, die einzigen legalen Motorfahrzeuge auf der Insel, um Passagiere den steilen **Harbour Hill** 2 hinaufzubringen (1 £/Person). Ist man erst einmal oben, gibt es kaum noch Steigungen zu bewältigen. Parallel zu der staubigen Straße, die sich in Serpentinen den Hügel hinauf windet, führt in einem grünen, baumbestandenen Bachtal ein Pfad hoch ins Dorf (max. 10 Min.). Ganz oben, am Gipfel des Hügels, warten Pferdefuhrwerke auf Tagesgäste für Kutschfahrten.

The Avenue
Das öffentliche Leben auf Sark spielt sich vor allem auf der Avenue ab: Hier findet man nette Tea Rooms, kann Souvenirs und Lebensmittel einkaufen.

L'Eperquerie
Eperquerie Common ist ein gras- und heidebewachsenes, flaches Gebiet, das nach Norden leicht abfällt. Vermutlich wurde hier früher Fisch getrocknet. Ein Pfad führt hinab zur **Banquette Landing** 3, wo Kanonen an die Inbesitznahme der Insel vor 500 Jahren erinnern.

Derrible Bay 4
Den steilen Abstieg über Treppen sollte man bei Ebbe unternehmen, nur dann ist Schwimmen in der flachen Bucht ungefährlich, die dann auch über einen Sandstrand verfügt. Auf der Nordseite gibt es mehrere Höhlen, bei Ebbe zugänglich ist die imposante **Creux Derrible** mit einem 60 m hohen Kamin.

Dixcart Bay 5
Die Bucht mit dem eindrucksvollen Felsentor (arch) in der Mitte ist eine der schönsten der Kanalinseln. Auf der Westseite kann man Höhlen und Felsspalten erkunden. Das dicht bewaldete, mit Farnen überwucherte **Dixcart Valley** gleicht einem Dschungel. Ein romantischer Pfad führt hindurch, vorbei am Stocks Hotel in die Bucht hinab. Der Wald ist im Frühjahr voller Blumen, neben Veilchen und Primeln ein Meer von weißblühendem Bärlauch und blauen Hasenglöckchen (blue bells).

Visitor Centre 6
In die frühere Grundschule sind die Touristeninformation sowie eine kleine Ausstellung von Ausgrabungsfunden sowie Gemälden, vor allem aus dem 19. Jh., mit Bezug zu Sark eingezogen.

St Peter's Church 7
Beim Blick in die hübsche kleine Granitkirche St Peter von 1820 kann man die Kissen auf den Kirchenbänken mit den eingestickten Wappen und Namen

der 40 Ländereien *(tenements)* bewundern.

La Seigneurie 8

direkt 15 ▶ S. 110

Window in the Rock 9

Le Port du Moulin war früher der Hafen der Mönche vom Priorat St Magloire. Die Fischteiche, die sie einst anlegten, werden durch den in der Bucht mündenden Bach gespeist, der auch eine Mühle der Mönche antrieb – daher der Name ›Hafen der Mühle‹. Später schlug man hier eine Plattform aus dem Granit, um mit Flaschenzügen Waren hieven zu können, oder beförderte Seetang *(vraic)* hinauf, mit dem die Gärten der heutigen Seigneurie gedüngt wurden. Um den Transport zu seinem Anwesen zu erleichtern, ließ ein Seigneur im 19. Jh. nebenan auf halber Höhe einen Durchbruch in den schmalen Fels hauen, The Window in the Rock – Vorsicht, hinter dem ›Fenster‹ geht es ohne Sicherung unvermittelt in die Tiefe!

Gouliot Headland 10

Vom Gouliot Headland hat man beste Aussicht auf die vorgelagerte Insel Brecqhou, dahinter Herm und Guernsey. Das 65 ha große **Brecqhou** ist seit 1994 im Besitz der Barclay Brothers, die sich ein zinnengekröntes ›Neuschwanstein‹ bauen ließen. Die zurückgezogen lebenden Zwillingsbrüder erwarben ihr Vermögen u. a. als Zeitungsverleger und Hotelbesitzer (›The Ritz‹); auch Hotels auf Sark gehören zum Konzern.

Der Obelisk **Pilcher Monument** erinnert an den Londoner Kaufmann Jeremiah Giles Pilcher, der im Oktober 1868 vor der Küste Sarks ums Leben kam, als ein plötzlicher Windstoß mit heftigen Schauern und einsetzende Dunkelheit seine Bootsmannschaft überraschte. Im **Havre Gosselin** unterhalb liegen manchmal Fischerboote und schicke Jachten vor Anker.

La Coupée 11

Die schmale Landverbindung (s. auch S. 28) zwischen Sark und Little Sark ist heute durch ein Geländer gesichert, das deutsche Kriegsgefangene nach 1945 bauten. Kutschen passieren die Landbrücke ohne Passagiere und warten auf der anderen Seite, bis sie wieder einsteigen.

Little Sark

Die verfallenen Schachtkamine der ehemaligen Silbergruben **Sark Silver Mines** 12 künden vom kurzen und wenig glücklichen ›Silberrausch‹ auf Sark im 19. Jh. Die gesamte Ausbeute der Mine ging beim Transport per Schiff unter, die See brach in den Stollen durch und Bergleute ertranken. Nur bei Ebbe sinnvoll ist der Weg zu dem natürlichen Schwimmbassin **Venus Pool** 13 (zwei Stunden nach Einsetzen der Ebbe und bis zwei Stunden vor höchster Flut). Die Wände des über 5 m tiefen Beckens sind mit See-Anemonen besetzt; das Wasser erwärmt sich schnell.

Übernachten, Essen

Ein Dutzend Guest Houses bieten B&B zwischen 30 £ und 70 £ an, es werden Cottages und Apartments vermietet. Adressen unter www.sark.info.

Moderner Hotelkomfort – **Stock's Hotel** 1 : Tel. 01481 83 20 01, www.stockshotel.com. Ehemaliges Landhotel, das schick renoviert wurde am schönen Dixcart Valley, 87,50–125 £/Person.

Für Genießer – **La Moinerie** 2 : Dem Weinbau gewidmet sind die Ländereien im Westen Sarks. 33 Zimmer (60–90 £/Person), erstklassige Küche, vor allem Meeresfrüchte.

Gastfreundlich – **La Sablonnerie** 3 : Little Sark, Tel. 01481 83 20 61, www.

lasablonnerie.com. Gemütliche Zimmer, in mehreren kleinen, individuell eingerichteten Cottages, ideal für den ›Ausstieg auf Zeit‹ (30–90 £/Person) Gute Küche, empfehlenswert: Afternoon Tea.

Einkaufen

Töpferei – **Lorraine's Pottery** **1**: The Avenue. Man kann sich selbst im Töpfern versuchen; Verkauf von Keramik und Silberschmuck.

Schöne Dinge – **Sark Glass Take Two** **2**: The Avenue. Glas und anderes Kunsthandwerk sowie Textilien.

Süße Sachen – **Caraghs Chocolates** **3**: Little Sark, Mo–Sa kann man bei der Pralinenproduktion zusehen.

Ausgehen

Die Inselkneipe – **Mermaid Tavern** **1**: Mo–Sa 10–22 Uhr. Die einzige echte Kneipe der Insel ist vor allem Treffpunkt für die *Sarkees* – oder ein Zwischenstopp an Regentagen. Di und Sa Disco.

Sport und Aktivitäten

Fahrradverleih – **Avenue Cycle Hire** **1**, Avenue, Tel. 01481 83 21 02, www.avenuecyclessark.com; **AB Cycles** **2**, nahe Mermaid Tavern, Tel. 01481 83 28 44, www.atobcycles.sarkpost.com. Fahrradmiete zwischen 6 und 10 £/Tag.

Infos und Termine

Sark Tourist Office: Tel. 01481 83 23 45, www.sark.info.

Sheep Racing: drittes Juli-Wochenende, skurriles Schafwettrennen.

Anreise: Fähren verkehren ganzj. von St Peter Port, Guernsey (Sark Shipping Co., Tel. 01481 72 40 59, www.sark shippingcompany.com, Hin- und Rückfahrt 26,30 £, Fahrtdauer 45 Min.) und nur April–Okt. ab St Helier Jersey (Manche Iles, Tel. 01534 88 07 56, www. mancheiles.com, Hin- und Rückfahrt 40 £; Fahrtdauer 45 Min.); gelegentlich auch Tagesausfüge ab französischen Häfen mit Manche Iles (60–75 Min.).

Maseline Harbour, Sark: Geduldige Passagiere verfolgen das knifflige Anlegemanöver der Fähre aus Guernsey

Karte: ▶ J 13 | **Anfahrt:** per Pferdekutsche möglich, per Fahrrad oder zu Fuß

Sark ist zwar die ›jüngste Demokratie Westeuropas‹, doch am Sitz des einstigen Feudalherren, Seigneur of Sark, scheint die Zeit stillzustehen. Im von hohen Mauern geschützten Garten gedeihen Blumen und Gemüse, im Turm gurren Tauben und die Bronzekanone ist ein stummes Relikt aus weniger friedlichen Zeiten.

Das Herrenhaus selbst, **La Seigneurie** 1, das auf das Jahr 1675 zurückgeht, kann nicht besichtigt werden. Turm und Mittelteil der Anlage wurden im 19. Jh. vom Ururgroßvater des heutigen Seigneur errichtet. Seigneur Michael Beaumont und seine Frau wohnen allerdings heute nicht mehr in dem großen, verwinkelten, burgähnlichen Granithaus.

Taubenturm und Kanonen

Vom Eingangstor gelangt man, vorbei an Wirtschaftsgebäuden, zum hübschen Taubenturm mit Spitzdach **Colombier** 2 – der Seigneur darf als einziger Tauben und Hündinnen halten. Gleich dahinter steht auf der **Battery** 3 neben einem deutschen Geschütz aus dem Zweiten Weltkrieg eine Bronzekanone, die Königin Elizabeth I. 1572 dem ersten Seigneur Hélier de Carteret schenkte. Dieser und seine 39 Getreuen sollen in dem Piratennest Sark für Ordnung gesorgt haben – der eigentliche Hintergrund für die Kolonisierungsaktion durch die Krone war der Wunsch, die von Piraten heimgesuchten Wasserstraßen unter Kontrolle zu bekommen.

Florierende Landwirtschaft

In der Mitte des Karrees erinnert eine alte, steinerne Apfelmühle (Cider Press) an die Zeit, als man auf den Inseln noch Apfelwein herstellte, und ein bis 1957 benutzter Holzkarren (Dîme or Tithe Cart) an die Feudalzeiten, als die Bauern ein Zehntel (Dime) der Ernte beim

Seigneur abliefern mussten. Ein Museumsstück ist auch die grüne Telefonzelle mit dem letzten handkurbelbetriebenen, magnetgesteuerten Fernsprecher der Britischen Inseln. Hinter der Batterie, vorbei an der Rückseite des Herrenhauses, hügelab, gründeln in den **Ponds** 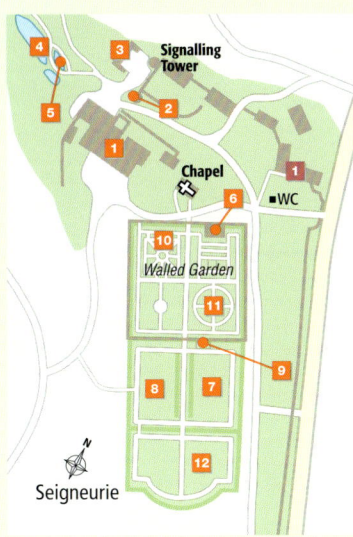, Fischteichen, die Karpfen. Schon die Mönche des einstigen Priorats im 7./8. Jh. nutzten wohl den Brunnen **Monks' Well** 5.

Spalierobst und Kletterrosen

Der Garten, den man durch ein Rundbogenportal betritt, ist das eigentliche Schmuckstück des Anwesens. Entlang der meterhohen Granitsteinmauern wächst Spalierobst, Feigen gedeihen hier und zwei Sorten Tafeltrauben im **Victorian Glasshouse** 6 an der Mauer. In dem windgeschützten Viereck hat man im 19. Jh. nach viktorianischer Manier einen Zier- und Kräutergarten angelegt, den Wege und niedrige Buchsbaumhecken in ein symmetrisches Muster unterteilen. Die Komposition aus Stauden, Sträuchern und einjährigen Blumen ergibt einen Farbzusammenklang, der zu jeder Jahreszeit eine Augenweide ist. Der Küchengarten mit **Vegetable Garden** 7 (Gemüse) und **Orchard** 8 (Obstbäume) kommt zu neuen Ehren, seit das Café Hathaways die Produkte nutzt. Rhabarber wird unter Tontöpfen vorgetrieben, Stangenbohnen ranken in Reih und Glied, ergänzt durch dekorativ aufgestellte Kübelpflanzen im **Pot Garden**

9 und leise plätschernde Brunnen. Zu den ältesten Elementen der Seigneurie Gardens gehören die mit Buchshecken unterteilten formalen **Rosenbeete** 10 aus viktorianischer Zeit, während der kreisförmige **Millennium Rose Garden** 11 mit den üppigen Kletterrosen zur letzten Jahrtausendwende gepflanzt wurde. Ein vielseitiger Garten wie dieser stellt einen Vollzeitjob dar und beschäftigt drei Teilzeitkräfte.

Verlaufen kann man sich in Sark eigentlich nicht, auch nicht im immergrünen Labyrinth **Maze** 12. Als Kurzweil für Kinder gedacht, freut es auch Erwachsene, wenn sie die Mini-Burg im Zentrum erreicht haben.

Infos
La Seigneurie Gardens: www.la seigneuriegardens.com, April–Ende Okt. tgl. 10–17 Uhr, 3,50 £.

Essen und Trinken
Neben dem Eingang zum Garten bietet das schicke **Café Hathaways** 1 im ehemaligen Stall feine Kost aus Zutaten von der Insel, wie Hummer und Krabben oder Gemüse und Obst aus dem Herrenhausgarten (Vorspeisen 8–10 £, Specials 15–17 £); dazu ausgesuchte Weine (15–18 £/Flasche).

Sprachführer Englisch

Allgemeines

guten Morgen	good morning
guten Tag (ab 12 Uhr)	good afternoon
guten Abend	good evening
auf Wiedersehen	goodbye
Entschuldigung	excuse me/sorry
hallo/grüß dich	hello
bitte	please
gern geschehen	you're welcome
danke	thank you
ja/nein	yes/no
Wie bitte?	Pardon?
Wann?	When?
Wie?	How?

Unterwegs

Haltestelle	stop
Bus	bus
Auto	car
Ausfahrt/-gang	exit
Tankstelle	petrol station
Benzin	petrol
rechts	right
links	left
geradeaus	straight ahead/ straight on
Auskunft	information
Telefon	telephone
Postamt	post office
Flughafen	airport
Stadtplan	city map
alle Richtungen	all directions
Einbahnstraße	one-way street
Eingang	entrance
geöffnet	open
geschlossen	closed
Kirche	church
Museum	museum
Strand	beach
Brücke	bridge
Platz	place/square
einspurige Straße	single track road

Zeit

3 Uhr (morgens)	3 a.m.
15 Uhr (nachmittags)	3 p.m.
Stunde	hour
Tag/Woche	day/week
Monat	month

Jahr	year
heute	today
gestern	yesterday
morgen	tomorrow
morgens	in the morning
mittags	at noon
abends	in the evening
früh	early
spät	late
Montag	Monday
Dienstag	Tuesday
Mittwoch	Wednesday
Donnerstag	Thursday
Freitag	Friday
Samstag	Saturday
Sonntag	Sunday
Feiertag	public holiday
Winter	winter
Frühling	spring
Sommer	summer
Herbst	autumn

Notfall

Hilfe!	Help!
Polizei	police
Arzt	doctor
Zahnarzt	dentist
Apotheke	pharmacy
Krankenhaus	hospital
Unfall	accident
Schmerzen	pain
Panne	breakdown
Rettungswagen	ambulance
Notfall	emergency

Übernachten

Hotel	hotel
Pension	guesthouse
Einzelzimmer	single room
Doppelzimmer	double room
mit zwei Betten	with twin beds
mit/ohne Bad (oder Dusche/WC)	ensuite/without bathroom
Toilette	toilet
Dusche	shower
mit Frühstück	with breakfast
Halbpension	half board
Gepäck	luggage
Rechnung	bill

Einkaufen

Geschäft	shop
Markt	market
Kreditkarte	credit card
Geld	money
Geldautomat	cash machine
Lebensmittel	food
Drogerie	chemist's
teuer	expensive
billig	cheap
Größe	size
bezahlen	to pay

Typisch normannische Begriffe

abreuvoir	Viehtränke
colombier	Taubenturm
creux	Kamin einer Höhle
douet/douit	Bach, Wasserlauf
etac	Felsvorsprung
grève	große Bucht

Zahlen

1 one	17 seventeen
2 two	18 eighteen
3 three	19 nineteen
4 four	20 twenty
5 five	21 twenty-one
6 six	30 thirty
7 seven	40 fourty
8 eight	50 fifty
9 nine	60 sixty
10 ten	70 seventy
11 eleven	80 eighty
12 twelve	90 ninety
13 thirteen	100 one hundred
14 fourteen	150 one hundred
15 fifteen	and fifty
16 sixteen	1000 a thousand

Die wichtigsten Sätze

Allgemeines

Sprechen Sie Deutsch?   Do you speak German?
Ich verstehe nicht.   I do not understand.
Ich spreche kein Englisch.   I do not speak English.
Ich heiße …   My name is …
Wie heißt Du/heißen Sie?   What's your name?
Wie geht's?   How are you?
Danke, gut.   Thanks, fine.
Wie viel Uhr ist es?   What's the time?
Bis bald (später).   See you soon (later).

Unterwegs

Wie komme ich zu/nach …?   How do I get to …?
Wo ist bitte …   Sorry, where is …?
Könnten Sie mir bitte … zeigen?   Could you please show me …?

Notfall

Können Sie mir bitte helfen?   Could you please help me?
Ich brauche einen Arzt.   I need a doctor.
Hier tut es weh.   It hurts here.

Übernachten

Haben Sie ein freies Zimmer?   Do you have any vacancies?
Wie viel kostet das Zimmer pro Nacht?   How much is a room per night?
Ich habe ein Zimmer bestellt.   I have booked a room.

Einkaufen

Wie viel kostet …?   How much is …?
Ich brauche …   I need …
Wann öffnet/schließt …?   When does … open/… close?

Kulinarisches Lexikon

Zubereitung

baked	im Ofen gebacken
battered	paniert
broiled/grilled	gegrillt
deep fried	frittiert
fried	in Fett gebacken
hot	scharf (auch: heiß)
rare/medium rare	blutig/rosa
steamed	gedämpft
stuffed	gefüllt
well done	durchgebraten

Frühstück

bacon	Schinken
boiled egg	hart gekochtes Ei
cereals	Getreideflocken
(Full) English Breakfast	englisches Frühstück
fried egg	Spiegelei
hash brown	Kartoffelpuffer
jam	Marmelade (alle außer Orangenmarmelade)
marmalade	Orangenmarmelade
poached egg	poschiertes Ei
scrambled egg	Rührei

Fisch und Meeresfrüchte

bass	Barsch
brill	Glattbutt
cockle	Herzmuschel
cod	Kabeljau
(chancre) crab	Krebs/Krabbe
flounder	Flunder
haddock	Schellfisch
halibut	Heilbutt
lobster	Hummer
mussel	Miesmuschel
ormer	Seeohr
oyster	Auster
prawn	Riesengarnele
red mullet	Rotbarbe
salmon	Lachs
scallop	Jakobsmuschel
shellfish	Schalentiere
shrimp	Krevette
sole	Seezunge
spider crab	Meerspinne (eine Krabbenart)

squid/shellfish	Tintenfisch
turbot	Steinbutt
trout	Forelle
whelk	Wellhornschnecke
winkle	Strandschnecke

Fleisch und Geflügel

bacon	Frühstücksspeck
beef	Rindfleisch
chicken	Hähnchen
duck	Ente
ham	Schinken
minced meat	Hackfleisch
pork chop	Schweinekotelett
ribeye steak	Hochrippensteak
roast goose	Gänsebraten
sausage	Würstchen
sirloin steak	Rumpsteak
spare ribs	Rippchen
turkey	Truthahn
veal	Kalbfleisch
venison	Reh bzw. Hirsch
wild boar	Wildschwein

Gemüse und Beilagen

bean	Bohne
cabbage	Kohl
carrot	Karotte
cauliflower	Blumenkohl
cucumber	Gurke
chips	Pommes frites
gherkin	Gurke
garlic	Knoblauch
lentil	Linse
lettuce	Kopfsalat
mushroom	Pilz
pepper	Paprika, Pfeffer
peas	Erbsen
potato	Kartoffel
squash/pumpkin	Kürbis
onion	Zwiebel
pickle	eingelegte Gemüse
Yorkshire pudding	aus Mehl, Fett und Ei gebackene Beilage

Obst

apple	Apfel
apricot	Aprikose

blackberry	Brombeere	pancake	Pfannkuchen
cherry	Kirsche	pastries	Gebäck
fig	Feige	scone	krümeliges Rosinen-
grape	Weintraube		brötchen (Rührteig)
lemon	Zitrone	sponge cake	Biskuitkuchen
melon	Honigmelone	waffle	Waffel
orange	Orange	whipped cream	Schlagsahne
peach	Pfirsich		
pear	Birne	**Getränke**	
pineapple	Ananas	beer (on tap/draught)	Bier (vom Fass)
plum	Pflaume	brandy	Kognac
raspberry	Himbeere	cider	Apfelwein
rhubarb	Rhabarber	coffee	Kaffee
strawberry	Erdbeere	(decaffeinated/decaf)	(entkoffeiniert)
		lemonade	Limonade

Käse, Nachspeisen und Gebäck

cheddar (mature)	Cheddarkäse (reif)	icecube	Eiswürfel
cottage cheese	Hüttenkäse	juice	Saft
clotted cream	dicke Sahne (wird	milk	Milch
	benutzt wie Butter)	mineral water	Mineralwasser
gâche	Früchtekuchen	(sparkling/still	(sprudelnd/still)
goat's cheese	Ziegenkäse	red/white wine	Rot-/Weißwein
ice cream	Speiseeis	shandy	Alsterwasser/Radler
Jersey wonders	Fettgebäck	tea	Tee

Im Restaurant

Ich möchte einen Tisch reservieren. I would like to book a table.
Bitte warten Sie, bis Ihnen ein Tisch zugewiesen wird. Please wait to be seated.
Essen nach Belieben zum Einheitspreis all you can eat
Die Speisekarte/Weinkarte, bitte. The menu/wine list, please.
Die Rechnung, bitte. The bill, please.
Frühstück breakfast
Mittagessen lunch
Abendessen dinner
Vorspeise appetizer/starter
Suppe soup
Hauptgericht main course
Nachspeise dessert
Beilagen side dishes
Gedeck cover
Messer knife
Gabel fork
Löffel spoon
Glas glass
Flasche bottle
Tasse cup
Salz/Pfeffer salt/pepper
Zucker/Süßstoff sugar/sweetener
Kellner/Kellnerin waiter/waitress
Trinkgeld tip
Wo sind die Toiletten? Where are the toilets, please?

Register

Register

Das Klima im Blick   atmosfair

Reisen bereichert und verbindet Menschen und Kulturen. Wer reist, erzeugt auch CO_2. Der Flugverkehr trägt mit einem Anteil von bis zu 10 % zur globalen Erwärmung bei. Wer das Klima schützen will, sollte sich für eine schonendere Reiseform (z. B. die Bahn) entscheiden – oder die Projekte von *atmosfair* unterstützen. *Atmosfair* ist eine gemeinnützige Klimaschutzorganisation. Die Idee: Flugpassagiere spenden einen kilometerabhängigen Beitrag für die von ihnen verursachten Emissionen und finanzieren damit Projekte in Entwicklungsländern, die dort den Ausstoß von Klimagasen verringern helfen. Dazu berechnet man mit dem Emissionsrechner auf *www.atmosfair.de*, wie viel CO_2 der Flug produziert und was es kostet, eine vergleichbare Menge Klimagase einzusparen (z. B. Berlin – London – Berlin 13 €). *Atmosfair* garantiert die sorgfältige Verwendung Ihres Beitrags. Klar – auch der DuMont Reiseverlag fliegt mit *atmosfair!*

Autoren | Abbildungsnachweis | Impressum

Unterwegs mit Petra Juling und Ulrich Berger

Die Autoren kennen die Kanalinseln bereits gut seit Ihren ersten Recherchen Mitte der 1990er-Jahre. An den Inseln gefällt ihnen vor allem die spektakuläre Meeresnatur mit Steilküsten und den stärksten Gezeiten in Europa, die hervorragenden Wandermöglichkeiten, die exotische Pflanzenvielfalt in den Gärten und Parks, aber auch der französisch-englische Kulturmix mit frischester Fisch- und Meersfrüchteküche in den Restaurants, britischem *way of life* und entspanntem *savoir-vivre*. Von denselben Autoren sind bei DuMont das Reise-Taschenbuch Wales sowie von Petra Juling u. a. das Reise-Taschenbuch Cornwall & Südengland erschienen.

Abbildungsnachweis

Bildagentur Huber, Garmisch-Partenkirchen: S. 84 (Huber); 15, 28/29, 31, 93, 109 (Schmid)
DuMont Bildarchiv, Ostfildern: S. 10, 53, 75, 79, Umschlagrückseite, (Kiedrowski)
istockphoto, Calgary (Kanada): S. 58 (Lagadu); S. 64 Gaflynn; 67 (fredj72)
Petra Juling, Lissendorf: S. 32, 43, 45, 48, 68, 94, 105, 110
laif, Köln: S. 4/5 (hemis.fr); 40 (hemis.fr/Manin); 7, 39, 88 (hemis.fr/Moirenc); 77 (Hinous); Titelbild, 81 (Jaenicke); 70 (Jouan/Rius); 9, 13, 16, 25, 99 (Rieger); 61 (Steinhilber)
Erika E. Schmitz, Köln: S. 120

Kartografie

DuMont Reisekartografie, Fürstenfeldbruck
© DuMont Reiseverlag, Ostfildern

Umschlagfotos

Titelbild: Reisende auf Herm warten an den Rosaire Steps auf das Boot nach Guernsey

Hinweis: Autoren und Verlag haben alle Informationen mit größtmöglicher Sorgfalt geprüft. Gleichwohl sind Fehler nicht vollständig auszuschließen. Alle Angaben erfolgen ohne Gewähr. Bitte schreiben Sie uns! Über Ihre Rückmeldung zum Buch und Verbesserungsvorschläge freuen sich Autoren und Verlag:
DuMont Reiseverlag, Postfach 3151, 73751 Ostfildern,
info@dumontreise.de, www.dumontreise.de

1. Auflage 2012
© DuMont Reiseverlag, Ostfildern
Alle Rechte vorbehalten
Grafisches Konzept: Groschwitz/Blachnierek, Hamburg
Printed in Germany